Das

zwanzigste Buch der Pandekten.

Erstes Heft.

Das

zwanzigste Buch

der

Pandekten

als Beispiel klassischer Jurisprudenz

für Studirende erläutert

von

M. A. von Bethmann-Hollweg.

Erstes Heft.

Titel 1.

Bonn,

bei Adolph Marcus.

1877.

Meinem lieben Enkel

Theobald

von Bethmann-Hollweg

zur Ermunterung und Förderung in seinem Rechtsstudium

gewidmet.

Vorwort.

An einem andern Ort *) habe ich an den Nutzen, ja die Nothwendigkeit unmittelbarer Beschäftigung mit den Quellen für das Studium des römischen Rechts erinnert. In der glücklichen Zeit, da ich als akademischer Lehrer mit einer strebsamen Jugend verkehrte, habe ich für diesen Zweck mehrmals exegetische Vorlesungen über das zwanzigste Buch der Pandekten gehalten, weil dieses Stück klassischer Jurisprudenz mir besonders geeignet schien, die Zuhörer in ihre Methode einzuführen, und im juristischen Denken zu üben, wobei es mir auch an erfreulichem Erfolg nicht fehlte. Die Erinnerung daran hat mich veranlaßt, die damalige Vorarbeit für die Vorlesung in der Muße des Alters wieder aufzunehmen und das Resultat schriftlich für denselben Zweck zu veröffentlichen. Daß die Werthschätzung der klassischen Jurisprudenz der Römer als eines durch nichts Anderes zu ersetzenden Mittels juristischer Bildung für die moderne Welt kein civilistisches Vorurtheil ist, sondern für diesen Zweck dem, was die alte Welt uns für Philosophie, Historie, Poesie und Kunst überliefert hat, würdig an die Seite tritt, kam mir dabei wieder zu freudigem Bewußtsein. Möchte die kleine Arbeit dazu beitragen, auch Andern, insbesondere der akademischen Jugend, diese Ueberzeugung mitzutheilen.

*) Ueber Gesetzgebung und Rechtswissenschaft als Aufgabe unserer Zeit. Bonn 1876. Abschnitt V. Die Aufgabe der Deutschen Rechtswissenschaft.

Zunächst veröffentliche ich nur ein erstes Heft, welches den ersten Titel jenes Buches erläutert, und dem die Fortsetzung folgen kann, wenn Kenner den Versuch gelungen und dem Zwecke dienlich finden, auch geneigt sind, ihm Eingang unter den Studirenden zu verschaffen.

Die reiche Literatur dieser Lehre habe ich nicht angeführt, weil sie den jugendlichen Leser mehr verwirren als fördern würde. Die wichtigsten abweichenden Ansichten findet er in dem trefflichen Werk von Dernburg, das Pfandrecht, 2 Bde., Leipzig 1860. 1864. Um so unerläßlicher war die Anführung von Parallelstellen, um in den Zusammenhang der Quellen einzuführen.

Berlin, November 1876.

Rechtsgeschichtliche Einleitung.

Die klassische Jurisprudenz der Römer unterscheidet bekanntlich aufs Schärfste zwei Arten der Vermögensrechte: einer Seits Eigenthum (dominium) und die davon abgeleiteten beschränkten dinglichen Rechte (iura in re) und andrer Seits die Schuldverhältnisse (obligationes), und gründet diese Unterscheidung darauf, daß bei jener eine körperliche Sache absolut oder in einer bestimmten Beziehung, bei dieser der Wille einer Person, des Schuldners, dem Willen des Berechtigten, des Gläubigers, in Bezug auf eine bestimmte thatsächliche Willensäußerung, eine Leistung von Vermögens- oder Geldeswerth (*L.* 9. § 2. *D. de statu lib.* 40, 7) unterworfen, d. h. der Schuldner dem Gläubiger dazu verpflichtet ist. *L.* 3. *pr. D. de obl. et act.* (44, 7.) Obligationum substantia non in eo consistit, ut aliquod corpus nostrum aut servitutem nostram faciat, sed ut alium nobis obstringat, ad dandum aliquid vel faciendum, vel praestandum.

Eine Folge dieses Unterschiedes ist, daß der dinglich Berechtigte der willenlosen Sache gegenüber sofort in den Genuß seines Rechtes treten kann, während der Gläubiger die Erfüllung der Schuld von dem Willen des Schuldners in näherer oder fernerer Zukunft zu erwarten hat. Die hierin liegende Unsicherheit wird zwar dadurch überwunden, daß der Gläubiger mit der Hülfe des Richters die Leistung, oder wenn diese nicht mehr möglich sein sollte, die Zahlung ihres Aequivalents in Geld (litis aestimatio) vom Schuldner erzwingen kann. Vorbereitet wurde Letzteres nach klassischem römischen Recht dadurch, daß bei allen Schuldklagen der Judex in der Formula zu einer Condemnation in Geld ermächtigt wurde

Gai. IV. § 48. Die Vollstreckung des condemnatorischen Urtheils geschah dann durch den Verkauf des ganzen Vermögens des Schuldners im Interesse seiner Gläubiger (bonorum venditio *Gai.* III. § 78), also im Concursprozeß, oder durch gerichtliche Pfändung einzelner Sachen des Schuldners (*L.* 15 *D. de re iud.* (42, 1) *Cod.* 8, 23. *si in causa iudicati pignus captum sit*), durch deren Verkauf dem Gläubiger Befriedigung in Geld verschafft wurde.

Allein auch dem vorsichtigsten Gläubiger kann es begegnen, daß der ursprünglich vermögende Schuldner, dem er creditirt hat, später durch Verschwendung oder Unglücksfälle sein Vermögen ganz oder theilweise verliert, so daß dieses zu seiner Befriedigung nicht mehr zureicht. Hiergegen könnte der Gläubiger gesichert werden, wenn der Schuldner ein einzelnes Stück seines Vermögens, vor Allem eine körperliche Sache von entsprechendem Werth, der eignen Disposition entzöge und der ausschließenden Disposition des Gläubigers übergäbe mit dem Recht, sie im Nichtzahlungsfall zwar nicht für sich zu behalten, aber zu verkaufen und den Erlös zu seiner Befriedigung zu verwenden, d. h. wenn er diese Sache ihm zum Pfand gibt.

Die Römer, bei denen von jeher eine andere Art der Sicherheitsleistung, die Bürgschaft (fideiussio), sehr beliebt war, kannten doch schon in ältester Zeit eine zwiefache Form des Pfandes, pignus im weitern Sinne.

1) Das Pignus im engern Sinne oder Faustpfand. Der Schuldner gibt dem Gläubiger den Besitz und zwar den juristischen, durch die Interdicte geschützten Besitz, einer ihm eigenthümlichen Sache, gewöhnlich einer beweglichen (*L.* 238. § 2. *D. de verb. sign.* 50, 16), entzieht sie dadurch faktisch seiner Disposition, insbesondere dem Verkauf, der nicht ohne Tradition möglich ist, und kommt mit dem Gläubiger überein (Contractus pigneraticius), daß dieser sie gegen Zahlung der Schuld zurückgeben (*Dig.* 13, 7. *Cod.* 4, 24. *de pigneraticia actione*), im Nichtzahlungsfalle zum Behuf seiner Be-

friedigung zu verkaufen berechtigt und nur den Ueberschuß (hyperocha) dem Schuldner zurück zu zahlen verpflichtet sein soll.

2) Die Fiducia mit einem Gläubiger als Pfand. (Fiducia cum creditore pignoris iure. *Gai.* II. § 59. 60. 220. III. § 201. *Bruns, Fontes. J. R. A. p.* 180.) Der Schuldner gibt hier dem Gläubiger das Eigenthum ex iure Quiritium durch Mancipatio oder in Jure Cessio zum Pfande, also gleichfalls nur zur Sicherung der Forderung, mit der Verpflichtung zur Rückgabe, wenn die Schuld erfüllt ist (actio fiduciae) und dem Recht, im andern Fall durch Verkauf der Sache sich zu befriedigen und nur den Ueberschuß dem Schuldner zurück zu zahlen. Das Eigenthum gab dem Gläubiger die vollständigste Sicherheit nicht bloß gegen Dispositionen des Schuldners, sondern auch durch die Vindication gegen jeden Dritten, namentlich gegen andere Gläubiger im Concurs. Den Besitz konnte er durch Precarium oder Miethe dem Schuldner lassen, oder wenn er ihn auch überkommen hatte, die gezogenen Früchte auf die Schuld aufrechnen. Diese Art des Pfandrechts, obgleich in den Formen des ältesten Rechts vollzogen, war auch noch zur Zeit der klassischen Juristen unter römischen Bürgern und für Sachen im quiritarischen Eigenthum, namentlich italische Grundstücke, in vollem Gebrauch, wie nicht bloß die Erwähnung bei Gaius, sondern auch die ausführliche Erörterung darauf bezüglicher Rechtsfragen in *Paul. rec. sent.* I. 9. § 8. II. 13. III. 6. § 16. V. 1. § 1. 26. § 4. beweist. Im Justinianischen Recht ist sie mit jenen Formen verschwunden.

Allein schon unter der Republik wurde durch das prätorische Edict eine dritte Form des Pfandrechts, das ius pignoris oder hypothecae als ius in re zunächst für einen einzelnen Fall eingeführt, welche dieselben Vortheile gewährte und um ihrer großen Bequemlichkeit willen dann die allgemeinste Anwendung fand.

Der Pächter eines landwirthschaftlichen Grundstücks konnte zum Behuf der gewöhnlichen Pachtcaution sein landwirthschaftliches Inventar und die Früchte des Grundstücks, welche regelmäßig sein einziges Eigenthum bilden, dem Verpächter weder zum Faustpfand geben, weil er ihren Besitz nicht entbehren kann, noch mit vielen Umständen die förmliche Fiducia daran bestellen. Ein Prätor Salvius erfand das Auskunftsmittel, daß er, wenn der Pächter durch formlosen Vertrag Eins oder das Andere dem Verpächter zum Pfand gesetzt, diesem im Nichtzahlungsfall im schleunigen Interdictsprozeß den Besitz und mit diesem das Recht zum Verkauf des Pfandes gewähren wolle. Diesem Salvianum interdictum (*Gai.* IV. § 147. *Dig.* 43, 33. *Cod.* 8, 9 *de Salviano interdicto*) fügte, wahrscheinlich später, für denselben Zweck ein Prätor Servius eine in rem actio hinzu, die von ihm den Namen Serviana actio erhielt und dann als utilis oder quasi Serviana actio auf Schuldverhältnisse aller Art übertragen, auch mit dem Faustpfande verbunden wurde § 7. *I. de act.* (4, 6). *L.* 1. *C. de precario* (8, 9). *L.* 1. § 2. *D. de pign.* (20, 1) u. s. w. Die griechische Benennung *ὑποθήκη* für dieses Pfandrecht, *ὑπέροχα* für den Ueberschuß des Erlöses beim Verkauf der Pfänder und *ἀντίχρησις* für den ausnahmsweise dem Gläubiger eingeräumten Fruchtgenuß macht es wahrscheinlich, daß der in den griechisch redenden Provinzen des römischen Reichs erweisliche Rechtsgebrauch zur Einführung und dann zur Ausbreitung desselben beigetragen hat.

Die klassische Jurisprudenz der Kaiserzeit (*Labeo in L.* 35. *D. de pign.* 20, 1) kam durch Entwicklung und weitere Ausdehnung dieses Instituts auf Grund der prätorischen Vorschrift (ad formulam hypothecariam) mehr dem praktischen Bedürfniß des Geldverkehrs entgegen, als daß sie dieselbe nach allgemeinen juristischen Gesichtspunkten erfunden hätte.

Da der Prätor dem Pfandgläubiger eine in rem actio gab, die doch keine Eigenthumsklage ist (*L.* 16. § 5. *D. de pign.* 20, 1), so mußte ihm als Grundlage derselben ein beschränktes dingliches Recht (ius in re *L.* 19. *pr. D. de damno inf.* 39, 2. *L.* 30. *D. de nox. act.* 9, 4) zugeschrieben werden, welches als vom Eigenthum abgeleitet, voraussetzt, daß zur Zeit seiner Entstehung die Sache im Eigenthum des Schuldners und Verpfänders (res in bonis debitoris *L.* 15. § 1. *D. de pign.* 20, 1) gewesen sei, aber als dingliches auch gegen Dritte, auf die das Eigenthum oder der Besitz der Sache übergeht, geltend gemacht werden kann (*L.* 1. § 2. *D. de pign.* 20, 1).

Von andern Rechten dieser Art unterscheidet es sich zunächst dadurch, daß es nicht seinen Zweck in sich selbst trägt, sondern an ein Schuldverhältniß sich anschließt, dessen Gültigkeit also voraussetzt (*L.* 5. *pr. D. de pign.* 20, 1) und weil es dessen Erfüllung sichern soll, als Recht auf den Besitz (ius possidendi) zum Behuf des Verkaufs der Sache durch die Serviana Actio erst dann ausgeübt werden kann, wenn die Schuld fällig und nicht bezahlt ist (*L.* 13. § 4. *D. de pign.* 20, 1).

Auch seinem Inhalt nach unterscheidet sich das Pfandrecht von andren iura in re, insbesondere den Servituten, dadurch, daß es nicht zu irgend welchem Gebrauch der Sachen, sondern zum Verkauf derselben im Namen des Eigenthümers berechtigt (ius distrahendi. *Gai.* II § 64. *L.* 29. *D. fam. erc.* 10, 2. — ac si debitor per procuratorem egisset), also nicht die Sache in ihrer concreten, diesen oder jenen Gebrauch bedingenden Gestalt, sondern in ihrem abstracten Geldwerth zum Gegenstand hat.

Hiermit hängt es zusammen, daß die Verpfändung derselben Sache an Mehrere nicht bloß zu ideellen Theilen, wie das Eigenthum, sondern auch in solidum zugelassen werden konnte, so jedoch, daß durch die spätere Verpfändung das frühere einem andern Gläubiger gegebene Pfandrecht nicht geschmälert werden durfte (prior tempore potior iure), ein Grundsatz der Gerechtigkeit, von welchem die klassische Jurisprudenz nur zwei Ausnahmen zuläßt, nehmlich den billigen Vorzug des spätern Pfandgläubigers, mit dessen Gelde das frühere Pfandrecht erst möglich, oder erhalten, oder verbessert worden, und die durch das Staatsinteresse motivirte Begünstigung gewisser fiskalischer Forderungen. *Dig.* 20, 4. *de his, qui potiores in pignore vel hypotheca habeantur.*

Ferner wurde es vermöge jener Auffassung des Gegenstandes möglich, nach Analogie dieses dinglichen Pfandrechts, das seinem Begriff nach nur an körperlichen Sachen gedacht werden konnte, der Verpfändung anderer Vermögensrechte, insofern sie Geldeswerth haben und verkauft werden können, die von Credit bedürftigen Schuldnern versucht wurde, gleiche Wirkung zuzuschreiben.

Endlich konnte man noch einen Schritt weiter gehen und die Verpfändung eines ganzen Vermögens, d. h. aller jetzt und in Zukunft zu demselben gehörigen körperlichen Sachen und Rechte, letztere unter der Bedingung ihres Erwerbes, zulassen, welche insbesondere dadurch veranlaßt wurde, daß der Schuldner dem Gläubiger, wenn die speciell verpfändete Sache zu seiner Befriedigung nicht zureichte, das Recht gab, sich auch an sein übriges Vermögen zu halten (*L. 15. § 1. D. de pign.* 20, 1). Hierdurch war freilich dem Pfandrecht eine für die Sicherheit des Verkehrs bedenkliche Ausdehnung gegeben, indem jede Sache, die nur einmal im Eigenthum des Schuldners gewesen, vom Gläubiger gegen den dritten und vierten Besitzer verfolgt werden konnte.

In derselben Hinsicht bedenklich war auch die Formlosigkeit der Uebereinkunft (conventio *L. 4. D. de pign.* 20, 1), durch welche dies dingliche Pfandrecht begründet wird.

Die beiden Pfandrechte der ältesten Zeit, das Faustpfand und die Fiducia, waren nicht nur auf eine specielle körperliche Sache beschränkt, sondern auch für Dritte erkennbar, jenes durch den Besitz des Gläubigers, diese durch die in Jure Cessio vor Gericht oder durch die Mancipatio vor fünf Zeugen als Vertretern des Volks. Die Begründung des dinglichen Pfandrechts durch formlosen Vertrag zwischen dem Schuldner und dem Gläubiger bleibt Dritten unbekannt, für die es doch wirksam werden soll, gibt also zu Täuschungen oder doch Benachtheiligung unwissender Dritter häufige Veranlassung. Ja noch mehr! In gewissen Fällen war die Bestellung von Pfandrecht so gewöhnlich, daß sie auch ohne mündliche oder schriftliche Erklärung der Partheien als stillschweigende Uebereinkunft von der Jurisprudenz angenommen oder gesetzlich vorgeschrieben werden konnte (*Dig.* 20, 2 *in quibus causis pignus vel hypotheca tacite contrahitur*), womit also eine noch unsichtbarere Klasse, gesetzlicher Pfandrechte, wenn auch zunächst in beschränktem Umfang, eingeführt war.

Endlich lag auch darin eine Abweichung von den Principien des ältern Rechts, welches das Eigenthum, namentlich das Grundeigenthum, möglichst rein zu erhalten bedacht war, daß dieses vielmehr jetzt durch Hypotheken sozusagen „ausgemünzt", d. h. im Geldverkehr verflüchtigt werden konnte. Aber alles dieß freilich nur als Frucht einer volkswirthschaftlichen Entwicklung, nehmlich des Wachsthums eben jenes Geldverkehrs im römischen Weltreich und des Uebergewichts, welches Handel, Schiffahrt und städtische Gewerbe über die Landwirthschaft gewonnen hatten. Die klassische Jurisprudenz, so wie die gleichzeitige, doch nur sparsame Gesetzgebung diente, wie gesagt, nur den daraus hevorgehenden praktischen Bedürfnissen. Die spätere Kaisergesetzgebung aber war weit entfernt, im Interesse des freien Grundeigenthums oder der Sicherheit des Verkehrs diesem Entwicklungsgang Schranken zu setzen. Sie hat vielmehr durch möglichste Vermehrung der gesetzlichen, generellen und der privilegirten Pfandrechte das verwickelte System geschaffen, dem nach Reception des römischen Rechts in Deutschland mit Recht widersprochen und dessen Uebeln durch Einführung der Specialität und Publicität der Hypotheken abgeholfen, die Mobilisirung des Grundeigenthums freilich noch mehr befördert worden ist.

Das zwanzigste Buch der Pandekten, dessen Erläuterung durch diese geschichtliche Einleitung vorbereitet werden soll, enthält nur Bruchstücke der klassischen Jurisprudenz, in welchen die Meisterschaft technischer Rechtsentwicklung um so mehr hervortritt, als das Pfandrecht dieser Zeit weder durch historische

Formen, noch durch die Natur der verschiedenen Objekte beschränkt ist, sondern den allgemeinsten juristischen Gegenstand, einen abstracten Geldwerth in freiester Verfügung durch Privatwillkühr repräsentirt.

Die hierdurch bedingte Feinheit dieser Rechtslehre, welche die Anschaulichkeit Anderer entbehrt, war ohne Zweifel mit Veranlassung, in Justinian's Studienplan, seinen Liber singularis ad formulam hypothecariam zur Grundlage des Unterrichts erst im dritten Studienjahr zu machen, und da früher Papinian's Schriften diese Grundlage gebildet, deshalb die Studirenden auf dieser Stufe den Namen der Papinianisten geführt und einen Festtag zu Ehren dieses berühmtesten Juristen gefeiert, so wurden, um die neue Codification dieser Sitte anzupassen, jedem Titel dieses Buchs, abweichend von der sonstigen Ordnung der einzelnen Stellen, ein oder mehrere Bruchstücke aus Papinian's Schriften voran gestellt. (*Const. Omnem rei publ.* § 4.)

Auch für den heutigen Leser geben diese Bruchstücke dem zwanzigsten Buch der Pandekten ein besonderes Interesse, denn es erscheint darin dieses Größten der klassischen Juristen eigenthümliche Denk- und Schreibweise, nehmlich die feine Auffassung des Reichthums juristischer Beziehungen eines Rechtsfalls in gedrängtem und präcisestem Ausdruck. Sie dienen zum Beweise, daß nicht bloß Mängel, sondern auch die Virtuosität juristischer Formgebung der Interpretation schwierigere, in diesem Fall um so interessantere Aufgaben stellt. Vergleicht man damit die leichtfaßliche, aber nicht immer exacte Darstellung derselben Lehren von Gaius, die Eleganz, Fülle und Präcision Ulpian's und die Stellen des Marcian, Paulus und Modestin, welche in diesen Beziehungen die Mitte halten, so überzeugt man sich, daß die klassischen Juristen, die bei oberflächlicher Lectüre als völlig „fungible" Personen erscheinen, zwar nach derselben Methode an dem Ausbau des nationalen Rechts arbeiteten und deshalb im Resultat nur selten von einander abwichen, dennoch Schriftsteller von sehr verschiedener Begabung waren, daß ihrer Literatur also auch das Interesse der Individualität und Mannichfaltigkeit nicht abgeht.

Das zwanzigste Buch der Pandekten handelt nur von dem dinglichen Pfandrecht. Da dieses aber auch mit dem Faustpfand verbunden ist und bei der Hypothek, wenn der Pfandgläubiger den Besitz der Sache erlangt hat, zwischen ihm und dem Schuldner dieselben Obligationen entstehen, wie aus dem Contractus pigneraticius, so enthält auch der Titel Dig. 13, 7 de pigneraticia actione manche darauf bezügliche Stellen. Auch die Rescripte der Kaiser vor Constantin in den entsprechenden Titeln des Justinianischen Codex, 4, 24, und 8, 14. flg. enthalten noch klassisches Recht und sind gleichfalls zur Erläuterung heran zu ziehen. Den abgedruckten Pandektenstellen liegt der Text der Ausgabe von Th. Mommsen Berol. 1870. 4. zum Grunde.

Liber vicesimus.

Tit. I. de pignoribus et hypothecis et qualiter ea contrahantur et de pactis eorum.

Vom Pfandrecht (pignus, hypotheca) überhaupt, seiner Begründung durch Vertrag (conventio) und den zufälligen Nebenbestimmungen desselben.

L. I. Papinianus, libr. XI. Responsorum.

Princ. Conventio generalis in pignore dando bonorum vel postea quaesitorum recepta est: in speciem autem alienae rei collata conventione, si non fuit ei, qui pignus dabat, debita, postea debitori dominio quaesito difficilius creditori, qui non ignoravit alienum, utilis actio dabitur, sed facilior erit possidenti retentio.

Das Pfandrecht als beschränktes dingliches, vom Eigenthum abgeleitetes Recht an einer körperlichen Sache (ius in re) setzt voraus, daß die Sache zur Zeit der Verpfändung im Eigenthum des Schuldners war. (*L.* 15 § 1. *h. t.* cum conveniebat, rem in bonis debitoris fuisse). Inwiefern die zunächst ungültige Verpfändung einer fremden Sache durch den späteren Erwerb des Eigenthums convalescirt? diese Frage beantwortet Papinian in seinem Responsum, nicht in Bezug auf einen einzelnen Fall, sondern allgemein für verschiedene denkbare Fälle in bewunderungswürdiger Kürze und Klarheit.

Conventio generalis bonorum — recepta est] Zu Papinian's Zeit hatte das Pfandrecht, das ursprünglich seinem Begriff nach nur an körperlichen Sachen im Eigenthum möglich war, bereits eine erweiterte Anwendung auf unkörperliche Sachen, die Rechte, und auf das ganze Vermögen des Schuldners, jedoch nicht als Ganzes (universitas), sondern auf alle dazu gehörigen körperlichen Sachen und Rechte, erfahren. Vgl. *L.* 15. § 1. *h. t.* — perinde atque si specialiter hae res fuissent obligatae.

bonorum vel postea quaesitorum] Auch das künftige Vermögen d. h. Alles was der Schuldner später erwerben werde, ausdrücklich zu verpfänden, war gebräuchlich und gültig, unter der in diesem Fall selbstverständlichen Bedingung, daß er es erwerben werde. *L.* 15. § 1. *cit.* — quae cotidie inseri solet cautionibus —, quae nunc habet et quae postea adquisierit. Nach *L.* 9. *fin. C. quae res pignori* (8, 17) *Justinian.* soll Letzteres, auch wenn nicht ausgesprochen, vermuthet werden.

in speciem autem alienae rei collata conventione] Anders, wenn die Verpfändung sich auf eine specielle fremde Sache bezog, diese ist ungültig.

si non fuit ei, qui pignus dabat, debita] Ausgenommen, wenn sie dem Verpfänder geschuldet wurde, er also ihren Erwerb erwartete, weil auch hier angenommen werden mußte, daß er sie unter dieser Bedingung verpfändet habe; mit dem Eintritt der Bedingung, d. i. mit dem Erwerb der Sache entsteht das Pfandrecht an ihr. Vgl. *L.* 16. § 7. *h. t.* *L.* 7. § 1. *D. qui pot.* (20, 4).

Wie aber, wenn, wie Papinian voraussetzt, die Sache dem Verpfänder nicht geschuldet wurde? und er später das Eigenthum erwirbt?

postea debitori dominio quaesito] Convalescirt dadurch die Verpfändung? Schon die vorher angedeutete ausnahmsweise Gültigkeit der Verpfändung läßt eine Verneinung dieser Frage erwarten und die nur bedingte Gültigkeit, die

Papinian im Folgenden ihr zuschreibt, bestätigt dieß. Er sagt:

difficilius creditori, qui non ignoravit alienum, utilis actio dabitur, sed facilior erit possidenti retentio] Er macht also eine gewisse Wirkung der an sich ungültigen Verpfändung davon abhängig, ob der Gläubiger wußte oder nicht wußte, daß ihm eine fremde Sache verpfändet werde, also ob er in bona oder in mala fide in Bezug auf das Eigenthum war.

Auf das dingliche Recht bezogen, könnte man annehmen, daß wie dem Käufer in gutem Glauben die Publiciana Actio gegeben wird, so auch dem Gläubiger um seiner bona fides willen eine der Publiciana ähnliche Pfandklage. Allein dies wird, wenigstens implicite, geleugnet *L.* 13. § 1. *D. de Publ. in rem act.* (6, 2); nur wenn der Verpfänder bonae fidei possessor, prätorischer Eigenthümer war, also in diesem Sinne die Sache in bonis hatte, soll der Pfandgläubiger die Pfandklage, Serviana actio, in demselben Umfang haben, wie Jener die Publiciana, d. h. gegen jeden Dritten, nur nicht gegen den wahren Eigenthümer, der sich durch die exceptio dominii im Besitz behauptet *L.* 18. *h. t.*

Ist also die bona oder mala fides des Pfandgläubigers ohne Bedeutung für das dingliche Recht gegen Dritte, so kann sie doch in seinem Verhältniß zum Schuldner und Verpfänder, der jetzt als Eigenthümer (debitori dominio quaesito) das Pfandrecht des Gläubigers bestreiten könnte, obligatorisch wirksam sein nach dem Princip der exceptio doli, nehmlich nach dem Grundsatz, daß, wer die eigne Handlung ableugnet oder nicht gelten läßt, bewußtes Unrecht oder Dolus begeht, der nicht zugelassen werden kann. Der Pfandgläubiger wird also, wenn er gegen den Schuldner und Besitzer des Pfandes klagt und dieser die Verpfändung ableugnet oder durch die exceptio dominii bestreitet, durch eine replicatio doli gegen ihn durchdringen, gerade so wie der bona fide emptor gegen den Verkäufer einer fremden Sache, deren Eigenthum dieser nachher erworben hat. *L.* 4. § 32. *D. de doli mali exc.* (44, 4), ja auf Grund derselben vom Prätor eine utilis actio, in deren Formula eine gültige Verpfändung fingirt oder die in factum concipirt wird, zu demselben Zweck erhalten. Vgl. *L.* 21. § 1. *L.* 22. *h. t. L.* 41. *D. de pign. act.* (13, 7) — si convenisset de pignore, ut ex suo mendacio arguatur, improbe resistit, quominus utilis actio moveatur. *L.* 5. *C. si aliena res pign.* (8, 16). Aber freilich nur in der Voraussetzung, daß er selbst nicht in dolo, sondern in bona fide in Bezug auf die Verpfändung der fremden Sache sei; denn in pari dolo geht der Beklagte vor und behauptet sich im Besitz. *L.* 154. *D. de regulis iuris* (50, 17). *L.* 4. § 13. *D. de doli mali exc.* (44, 4).

Hierauf beruht Papinian's Unterscheidung, in der wir zunächst mit der Glosse des Accursius facilior und difficilius für unbedingte Bejahung und Verneinung nehmen wollen. Hiernach heißt:

facilior erit possidenti retentio] der Pfandgläubiger, obgleich er wußte, daß ihm eine fremde Sache verpfändet worden, kann, wenn er die Sache besitzt, sich gegen den Schuldner, der jetzt Eigenthümer geworden ist und die Sache von ihm vindicirt, im Besitz erhalten, nehmlich durch die exceptio doli, gegen welche der Schuldner mit der replicatio doli nicht zugelassen wird. *L.* 7 § 2. *D. de S. C. Maced.* (14, 6).

Wenn dagegen der Schuldner besitzt und der Pfandgläubiger gegen ihn auf Herausgabe der Sache klagt, so wird er, weil er wußte, daß ihm eine fremde Sache ungültig verpfändet worden, also in dolo ist, mit der exceptio doli zurückgewiesen werden, gegen welche er nicht de dolo repliciren kann.

Doch ist bei Papinian's prägnanter Ausdrucksweise facilior und difficilius buchstäblich zu nehmen und in folgender Weise zu erklären. Die beiden Partheien sind in Bezug auf Dolus doch nicht in ganz gleicher Lage. Der Schuldner, der die Verpfändung nicht ableugnen kann, muß sie auch als seine eigene Handlung unbedingt anerkennen, wird also vom Pfandgläubiger, wenn er besitzt, unter allen Umständen mit der exceptio doli zurückgewiesen. Der Pfandgläubiger aber, welcher wußte, daß ihm eine fremde Sache verpfändet werde, ist deshalb nicht nothwendig in dolo; er konnte glauben, der Schuldner sei bonae fidei possessor oder erwarte den Erwerb der Sache, verpfände sie also unter dieser Bedingung, vielleicht hatte dieser selbst, um Credit zu erlangen, ihm das Eine oder andere vorgespiegelt; der Pfandgläubiger wird also zwar nicht immer, nicht so leicht (difficilius), aber doch unter diesen Voraussetzungen, wenn er sie dem Prätor glaublich macht, die actio utilis von ihm erlangen.

§ 1. Servo pignori dato peculium eius creditor citra conventionem specialiter super eo conceptam frustra distrahit, nec interest, quando servus domino peculium adquisierat.

Der Sklave, als Sache im Eigenthum seines Herrn, kann von diesem verpfändet werden. Es fragt sich aber, ob mit dem Sklaven auch sein Peculium, d. i. das von ihm für den Herrn erworbene, aber von diesem ihm zum Besitz, zur Administration und Disposition überlassene Vermögen, gleichsam als juristische Accession oder Pertinenz des Sklaven, mit verpfändet sei? Der Herr konnte es verpfänden, weil es dem Rechte nach sein Vermögen ist und die Concession jeder Zeit von ihm zurückgenommen werden kann. Papinian entscheidet, daß die Mitverpfändung des Peculiums nicht anzunehmen sei, wenn sie nicht ausdrücklich erfolgt ist. Ebenso bei dem Verkauf des Sklaven *L.* 29. *D. de contr. emptione* (18, 1).

frustra distrahit] Der Gläubiger wird also an dem Peculium, das ihm nicht verpfändet ist, sein Verkaufsrecht erfolglos, weil nullo iure ausüben.

nec interest, quando] Es gilt dieß nicht bloß von dem nach der Verpfändung durch den Sklaven dem Herrn erworbenen Peculium, welches, weil damals nicht in bonis debitoris, von diesem gar nicht verpfändet werden konnte, sondern auch von dem früher erworbenen, weil es keine mit dem Eigenthum an dem Sklaven nothwendig verbundene Accession ist. Gilt doch dasselbe auch für die Früchte der Sache. S. § 2.

§ 2. Cum praedium pignori daretur, nominatim, ut fructus quoque pignori essent, convenit. eos consumptos bona fide emptor utili Serviana restituere non cogetur: pignoris etenim causam nec usucapione peremi placuit, quoniam quaestio pignoris ab intentione dominii separatur: quod in fructibus dissimile est, qui numquam debitoris fuerunt.

Das Pfandrecht an den Früchten der verpfändeten Sache erörtert Papinian in Bezug auf einen bestimmten Rechtsfall, dessen angegebene Umstände weder durch willkührliche Voraussetzungen zu ergänzen sind, noch überall vermöge des argumentum e contrario zu allgemeinen Folgerungen berechtigen. Die Nichtbeachtung dieser exegetischen Grundsätze und Papinian's auch hier bewährte Feinheit und Kürze des Ausdrucks hat viele falsche Auslegungen veranlaßt.

Das römische Recht bestimmt das Eigenthum der Frucht darnach, daß sie bei ihrer Entstehung eine Erweiterung der fruchttragenden Sache (accessio) ist und als Theil derselben auch nach der Trennung kein anderes Recht haben kann, der Eigenthümer der fruchttragenden Sache wird Eigenthümer der Frucht als einer Sache für sich durch Separation. Dieß gilt auch für den prätorischen Eigenthümer (bonae fidei possessor), der auch schon durch Separation, nicht erst durch Perception, natürlich nur prätorisches Eigenthum, das im Conflict dem wirklichen Eigenthum weicht, an den Früchten erwirbt (fructus separatione eius fiunt).

Auch das Pfandrecht ergreift die Erweiterungen der Sache z. B. Alluvion (*L.* 16 *pr. h. t. L.* 18 § 1 *D. de pign. act.* 13, 7) Superficies (*L.* 29 § 2. *L.* 35 *D. h. t. L.* 21 *D. de pign. act.* 13, 7), also auch die Früchte, so lange sie mit der fruchttragenden Sache zusammenhängen (fructus pendentes) als rei pars *L.* 44 *D. de rei vind.* (6, 1). Die separirte Frucht aber wird in Bezug auf das Pfandrecht als eine neue Sache betrachtet, die nur dann demselben haftet, wenn sie als solche verpfändet ist, wie sie auch nur dann eine res furtiva ist, wenn das Furtum an ihr begangen wurde *L.* 10 § 2. *D. de usurp.*

(41, 3) *L.* 26. *D. de verb. sign.* (50, 16). Die Pfandklage (formula hypothecaria) ist als prätorische nicht in ius, sondern in factum concipirt (si paret eam rem — pignori obligatam esse), daher die Thatsache der Verpfändung die Frucht selbst betroffen haben muß, damit sie hafte. *Paul.* II 5 § 2 fetus — eius rei, quae pignori data est, pignoris iure non retinetur, nisi hoc inter contrahentes convenerit. Doch wird bei der Verpfändung einer fruchttragenden Sache die stillschweigende Mitverpfändung der Früchte, weil gewöhnlich, präsumirt. *L.* 3. *C. in quibus causis pignus tacite* (8, 15) *L.* 1. *C. de partu pign.* (8, 25). Gültig natürlich nur, wenn die fruchttragende Sache zur Zeit der Verpfändung Eigenthum des Schuldners war *L.* 11 § 3 *D. qui pot.* (20, 4); weil nur dann zu erwarten ist, daß die Frucht durch Separation sein Eigenthum werden wird, und wenn diese Bedingung wirklich eintritt *L.* 29 § 1 *h. t.*

Cum praedium pignori daretur, nominatim, ut fructus quoque pignori essent, convenit] Der Rechtsfall: Bei der Verpfändung eines ländlichen, also fruchttragenden Grundstücks wurde zwischen dem Schuldner und Eigenthümer desselben und dem Pfandgläubiger zur Verhütung jedes Zweifels ausdrücklich verabredet, daß auch die zuwachsenden Früchte, wenn sie Eigenthum des Schuldners geworden, mit verpfändet sein sollten. Daß die ausdrückliche Mitverpfändung der Früchte nach Papinian's Ansicht nothwendig gewesen, ist daraus nicht zu folgern. Vgl. *L.* 1. *C. de partu pign. dato* (8, 25). *Alex.* — olim placuit. *Paul. L.* 29 § 1 *h. t.*

eos consumptos bona fide emptor utili Serviana restituere non cogetur] Fortsetzung des Rechtsfalls. Der Pfandgläubiger, um seine Befriedigung, die er vom Schuldner nicht erhalten, durch den Verkauf des verpfändeten Grundstücks zu sichern, findet dieses im Besitz eines Dritten und klagt mit der actio Serviana utilis oder hypothecaria (§ 7. *J. de act.* (4, 6) gegen diesen auf Herausgabe der Sache. Die Rechtsfrage ist nun, ob er auch die Herausgabe der Früchte verlangen kann, da er voraussieht, daß der Werth des Grundstücks zu seiner Befriedigung nicht zureicht, und zwar nicht noch vorhandene Früchte (fructus exstantes), sondern Ersatz für vom Besitzer verzehrte oder veräußerte Früchte (fructus consumptos)?

Papinian's Entscheidung leugnet dieß, und zwar mit Hervorhebung des Umstands, daß der Besitzer ein bona fide emptor, Käufer in gutem Glauben sei, ein Umstand, den wir also als Grund seiner Entscheidung betrachten dürfen. Worauf bezog sich nun der gute Glaube des Käufers?

Wird er auf das Eigenthum des Grundstücks bezogen, so müssen wir annehmen, daß er nicht von dem Schuldner, der nach Papinian's Voraussetzung (was seine Schlußworte: qui numquam debitoris fuerunt ergeben) zur Zeit der Verpfändung Eigenthümer war, sondern nachdem dieser den Besitz durch irgend einen Zufall verloren hatte, von einem dritten Besitzer, den er für den Eigenthümer hielt, gekauft habe. Wir müssen also diesen ganzen Hergang, den Papinian nicht erwähnt, in die Stelle hineintragen, und eben deshalb ist diese Annahme verwerflich, wenn bona fide emptor einen andern Sinn haben kann.

Die natürlichere Annahme ist, daß der gegenwärtige Besitzer vom Schuldner gekauft hat, und weil dieser Eigenthümer war, das Eigenthum des Grundstücks erworben hat, aber in Bezug auf das Pfandrecht in bona fide war, d. h. nicht wußte, daß es verpfändet sei. Vgl. *L.* 9. § 3. *D. qui pot.* (20, 4), si bona fide — praedium accepit, id est, si ignoravit — obligatum esse.

Papinian's Entscheidung geht also dahin, daß der dritte Besitzer, der bei Erwerb der Sache vom Schuldner in Bezug auf deren Verpfändung in bona fide war, durch die actio hypothecaria zwar zur Herausgabe der Sache, nicht aber zum Ersatz der von ihm consumirten Früchte gezwungen werden kann. Die Pfandklage folgt hierin der Analogie der Eigenthumsklage, bei welcher gleichfalls der bonae fidei possessor die consumirten Früchte nicht zu ersetzen braucht, also lucrirt § 35. *J. de rer. div.* (2, 1) fructus consumptos suos facit *L.* 40. *D. de acq. rer. dom.* (41, 1).

pignoris etenim causam nec usucapione peremi placuit] Diese Worte beziehen sich auf einen möglichen Einwand gegen Papinian's Entscheidung, den er zu beseitigen nöthig findet. Derselbe kann aber noch in doppelter Weise gedacht werden.

1) Die überraschende Erwähnung der Usucapion führt zunächst doch wieder auf die so eben verworfene Voraussetzung, daß der gegenwärtige Besitzer des Pfandes nicht vom Schuldner, sondern von einem dritten Nichteigenthümer gekauft, also selbst nicht Eigenthümer, sondern nur Usucapions-Besitzer sei. Der hypothetische Einwand wäre dann so zu denken: Dem Eigenthümer gegenüber lucrirt die consumirten Früchte nur der bonae fidei possessor, der rücksichtlich der Sache selbst durch Usucapion gegen die Eigenthumsklage geschützt ist. Gegen die Pfandklage ist der bonae fidei possessor durch Usucapion nicht geschützt, also kann er auch die Früchte nicht lucriren.

Abgesehen von den schon angeführten Gründen gegen jene Voraussetzung, ist diese Erklärung auch deshalb verwerflich, weil dem Eigenthümer gegenüber nicht blos der Usucapions-Besitzer, sondern auch der Besitzer in fremdem Namen, der in gutem Glauben dem vindicirenden Eigenthümer die Sache vorenthält, die Früchte lucrirt z. B. der Faustpfandgläubiger, nach *L.* 22. § 2. *D. de pign. actione* (13, 7). Gegen diese Erklärnng sprechen endlich die Schlußworte der Stelle: qui numquam debitoris fuerunt, wenn man nicht die aller Rechtsanalogie widersprechende Meinung annimmt, daß der Usucapions-Besitzer an der Frucht durch Separation nicht dasselbe Recht erwirbt, das er an der fruchttragenden Sache hat, sondern wahres Eigenthum. Die Annahme aber, daß nur von den nach Vollendung der Usucapion separirten Früchten die Rede sei, trägt noch mehr nicht ausgesprochene Voraussetzungen in die Stelle hinein. Die Erwähnung der Usucapion ist also anders und der hypothetische Einwand so zu denken:

2) Der Uebergang des Eigenthums vom Schuldner auf einen Dritten, zerstört das Pfandrecht nicht und zwar nicht bloß im Falle des Verkaufes, (*L*, 18. § 2. *D. de pign. act.* (13, 7) sondern auch des originären Erwerbes durch Usucapion nicht (nec = ne quidem usucapione):

quoniam quaestio pignoris ab intentione dominii separatur] weil die Frage des Pfandrechts von der Behauptung und dem Schicksal des Eigenthümers unabhängig ist.

quod in fructibus dissimile est, qui numquam debitoris fuerunt] Bei den hier in Frage kommenden Früchten ist es anders, trifft dieß nicht zu, denn, da sie nicht beim Schuldner, sondern beim dritten Eigenthümer entstanden, separirt und von ihm consumirt sind, waren sie niemals im Eigenthum des Schuldners, die Bedingung ihrer Mitverpfändung: si extiterint et debitoris facti fuerint, ist nicht eingetreten; sie waren nicht Gegenstand des Pfandrechtes, der Einwand, daß dieses durch den Uebergang des Eigenthums auf einen Dritten nicht afficirt werde, findet also keine Anwendung.

Papinian's präciser Ausdruck und die Hervorhebung der Consumtion der Früchte (eos consumptos) läßt allerdings vermuthen, daß die fructus exstantes selbst vom bona fide emptor, obgleich nicht verpfändet, aus einem andern Grunde restituirt werden müssen, wovon bei *L.* 16. § 4 *D. h. t.* zu sprechen sein wird.

§ 3. Pacto placuit, ut ad diem usuris non solutis fructus hypothecarum usuris compensarentur fini legitimae usurae. quamvis exordio minores in stipulatum venerint, non esse tamen irritam conventionem placuit, cum ad diem minore faenore non soluto legitimae maiores usurae stipulanti recte promitti potuerunt.

Der Fall eines pactum antichreticum, *ἀντίχρησις*, da dem Pfandgläubiger mit dem Besitz des Pfandes auch das Recht gegeben ist, anstatt Zinsen des geschuldeten Kapitals (in vicem usurarum) die Früchte des Pfandes sich anzueignen. Vgl. *L.* 11. § 1. *h. t. L.* 33. *D. de pign. act.* (13, 7).

Pacto placuit] Bei der Verpfändung und Uebergabe der Sache als Faustpfand (pignus) wurde dem seiner Natur nach unförmlichen Pfandvertrag (contractus pigneraticius) eine Nebenabrede (pactum contractui adiectum) über die von dem Gläubiger statt Zinsen zu ziehenden Früchte hinzugefügt.

ut ad diem usuris non solutis] Jedoch nicht unbedingt, sondern nur für den Fall, daß die von dem Kapital stipulirten Zinsen nicht an dem Verfalltag gezahlt würden.

fructus hypothecarum usuris compensarentur] Alsdann soll der Gläubiger die von der verpfändeten Sache gezogenen Früchte mit den nicht gezahlten Zinsen compensiren, d. h. auf die Zinsen verzichten und dafür die Früchte, nicht wie er sonst müßte, dem Schuldner herausgeben, sondern behalten. Es handelt sich also nicht um das dingliche, sondern um das obligatorische Verhältniß, die Rechnung und Gegenrechnung zwischen dem Schuldner und Faustpfandgläubiger.

fini legitimae usurae] Aber nicht nur bis zur Höhe der stipulirten Zinsen, denn auf dieses Maaß ist der Fruchtgenuß des Gläubigers bei der *ἀντίχρησις* überhaupt nicht beschränkt, er hat ihn in vicem usurarum, auch wenn solche gar nicht stipulirt sind *L.* 8. *D. in quibus causis pignus* (20, 2), sondern bis zum höchst erlaubten Zinsfuße. Denn unerlaubter Wucher soll auch in dieser Weise nicht getrieben werden *L.* 17. *C. de usuris* (4, 32).

quamvis exordio minores in stipulatum venerint, non esse tamen irritam conventionem placuit] Daß der Gläubiger in der Stipulation sich nur geringere Zinsen ausbedungen hatte, macht diese dem Pfandvertrag hinzugefügte Uebereinkunft, daß dem Schuldner wegen Nichteinhaltung des Zinstermins, gleichsam zur Strafe, höhere Zinsen angerechnet werden sollen, nicht als unerlaubten Wucher ungültig.

cum ad diem minore faenore non soluto legitimae maiores usurae stipulanti recte promitti potuerunt] Denn auch die Stipulation höherer Zinsen für den Fall der Nichteinhaltung des Zinstermins wäre kein unerlaubter Wucher gewesen, wenn nur der gesetzliche Zinsfuß eingehalten wurde. Was von der Stipulation rücksichtlich des Wucherverbotes gilt, muß auch von dem unförmlichen pactum adiectum des Pfandvertrages gelten.

§ 4. Cum praedium uxor viro donasset, idque praedium vir pignori dedisset, post divortium mulier possessionem praedii sui reciperavit et idem praedium ob debitum*) viri pignori dedit. in ea dumtaxat pecunia recte pignus a muliere contractum apparuit, quam offerre viro debuit meliore praedio facto, scilicet si maiores sumptus, quam fructus fuissent, quos vir ex praedio percepit: etenim in ea quantitate proprium mulier negotium gessisse, non alienum suscepisse videtur.

Ein Rechtsfall, dessen Entscheidung dadurch interessant ist, daß dabei verschiedenartige Rechtsgrundsätze zur Anwendung kommen: 1) die Ungültigkeit der Schenkungen unter Ehegatten, 2) das Verbot der Intercession für Frauen, 3) das Recht des bonae fidei possessor, bei der Herausgabe der Sache an den Eigenthümer den Ersatz der impensae utiles zu fordern oder dieselben mit den gezogenen Früchten zu compensiren, — alle aber in Bezug auf die Frage nach der rechtlichen Existenz eines Pfandrechts.

Cum praedium uxor viro donasset] Jede Schenkung unter Ehegatten, wodurch der Schenker ärmer, der Beschenkte reicher wird, ist nach altrömischer Ansicht verboten, um das nahe persönliche Verhältniß von gewinnsüchtigen Absichten rein zu erhalten, also auch ungültig *L.* 1. *D. de don. inter vir. et ux.* (24, 1), so daß also die geschenkte Sache nicht Eigenthum des Beschenkten wird, sondern Eigenthum des Schenkers bleibt. *L.* 3. § 10. *L.* 48. *D. eod.* Den Besitz des Grundstücks aber beließ im vorliegenden Falle die Frau dem Manne während der Ehe.

idque praedium vir pignori dedisset] Da der Mann nicht

*) Mommsen: praedium ob idem debitum?

Eigenthümer des geschenkten Grundstücks geworden, so war auch die Verpfändung ungültig; der Gläubiger mochte ihn für den Eigenthümer halten, denn sonst würde er ihm nicht creditirt haben.

post divortium mulier possessionem praedii sui reciperavit] Die anfänglich ungültige Schenkung convalescirt nach einer Oratio des K. Caracalla beim Ende der Ehe durch Tod, wenn sie nicht revocirt worden. Die Ehescheidung enthält nicht immer die Revocation. *L.* 32. *pr.* § 10. *D. de donat. inter vir. et ux.* (24, 1). In diesem Falle wurde die Ehe durch Scheidung aufgelöst und die Frau revocirte die Schenkung indem sie den Besitz ihres Grundstücks, anscheinend in Güte, zurücknahm.

et idem praedium ob debitum viri pignori dedit] Besser nach Mommsen's Vorschlag: praedium ob idem debitum; denn die Identität des Grundstücks ist selbstverständlich, dagegen wichtig, daß die Frau es für dieselbe Schuld des Mannes demselben Gläubiger verpfändete. Denn dieser würde die Schuld dem Manne gekündigt haben, als er nun erfuhr, daß die von diesem contrahirte Hypothek null sei, und eben um die Kündigung abzuwenden, ließ sich die Frau bestimmen, ihrer Seits das Grundstück für dieselbe Schuld des Mannes zu verpfänden. Allein die gute Absicht schien doch erfolglos, da die Verpfändung der eignen Sache für die Schuld eines Andern, so gut wie Bürgschaft, eine Intercession ist und diese den Frauen durch das Senatusconsultum Vellejanum untersagt und null ist. *L.* 8. *pr. D. ad S. C. Velleianum* (16, 1). Ein anderer Umstand aber machte sie dennoch möglich, und lag entweder als Voraussetzung der Auseinandersetzung der Ehegatten bei der Scheidung zum Grunde oder bedingte jedes Falls ihren Erfolg für den Gläubiger.

in ea dumtaxat pecunia recte pignus a muliere contractum apparuit, quam offerre viro debuit meliore praedio facto] Der Mann hatte das Grundstück durch Aufwendung einer Summe Geldes verbessert, d. h. seinen Werth erhöht. Den Ersatz dieser impensae utiles konnte der Mann, wenn die Frau das Grundstück von ihm vindicirte, durch exceptio doli fordern, für diesen Betrag war sie seine Schuldnerin.

scilicet si maiores sumptus, quam fructus fuissent, quos vir ex praedio percepit] Jedoch nur für den Mehrbetrag dieser impensae als die von dem Manne gezogenen, von ihm als bonae fidei possessor lucrirten Früchte. Vgl. *L.* 48 *D. de rei vind.* (6, 1). Denn wenngleich er wußte oder nur vermöge eines Rechtsirrthums nicht wissen konnte, daß er nicht Eigenthümer des geschenkten Grundstücks sei, also auch durch Usucapion nicht Eigenthümer werden konnte *L.* 1. § 2. *D. pro donato* (41, 5), so besaß und benutzte er es doch während der Ehe mit dem Willen der Frau, war also in diesem Sinne bonae fidei possessor, und lucrirt zwar als solcher die Früchte *L.* 17. *pr. D. de don. int. vir.* (24, 1) *L.* 45. *D. de usuris* (22, 1), muß aber seine impensae utiles damit compensiren *L.* 42, § 1. *D. soluto matr.* (24, 3).

etenim in ea quantitate proprium mulier negotium gessisse, non alienum suscepisse videtur] Denn für diesen Mehrbetrag, den sie dem Manne schuldete, hat sie durch Verpfändung ihres Grundstücks für die Schuld des Mannes so zu sagen ihre eigne Schuld abgetragen, also nicht fremdes, sondern ihr eignes Interesse verfolgt. *L.* 13. *pr. D. ad. S. C. Vell.* (16, 1). Denn eben dieß gehört wesentlich zum Begriff der Intercession, daß eine fremde Schuld, zwar nicht schenkungsweise, aber die Gefahr derselben im Interesse des Schuldners, nicht im eigenen Interesse übernommen wird.

Nur für jenen Mehrbetrag also hat in diesem Fall der Gläubiger ein Pfandrecht am Grundstück und hat entweder, weil dadurch seine Forderung gedeckt war, die Schuld nicht gekündigt, oder hat später als er sein Pfandrecht gegen die Frau geltend machte, nur in so weit seine Befriedigung erlangt; dieß als letzter Erfolg des Falls scheint durch: recte pignus contractum apparuit, angedeutet zu werden.

L. II. Idem, libro III. Responsorum.

Fideiussor, qui pignora vel hypothecas suscepit atque

ita pecunias solvit, si mandati agat, vel cum eo agatur, exemplo creditoris etiam culpam aestimari oportet. ceterum iudicio, quod de pignore dato proponitur, conveniri non potest.

Der Bürge, wenn er für den Schuldner zahlt, kann von dem Gläubiger die Cession seiner Rechte gegen den Schuldner (beneficium cedendarum actionum), insbesondere seines Pfandrechts verlangen, durch welche ihm der Regreß gegen den Schuldner gesichert ist und es wird diese Absicht selbst präsumirt *L.* 2. *L.* 5. § 1. *D. de distr. pign.* (29, 5) *L.* 59. § 1. *D. mandati* (17, 1) *L.* 59. *D. de fideiuss.* (46, 1).

Fideiussor, qui pignora vel hypothecas suscepit atque ita pecunias solvit] In dem vorliegenden Falle hatte der Bürge in Ausübung dieses Rechts zu seiner Sicherheit vorher erst den Besitz der Faustpfänder von dem Gläubiger oder der Hypotheken vom Schuldner sich einräumen lassen und dann erst gezahlt.

si mandati agat] Sein Verhältniß zum Hauptschuldner beruht durchaus auf Mandat; denn wenn er mit dem Willen des Schuldners für ihn Bürge geworden ist und dann zahlt, so hat er damit dessen Geschäft besorgt und kann wie jeder Mandatar den Ersatz seiner Auslagen vom Schuldner mit der actio mandati contraria fordern § 6. *J. de mandato* (3, 26) *L.* 6. § 2 *D. mandati* (17, 1) vorausgesetzt, daß er die dem Mandatar obliegende diligentia präſtirt, sich keiner culpa schuldig gemacht hat.

vel cum eo agatur] Auch der Hauptschuldner kann mit der actio mandati directa den Bürgen in Anspruch nehmen, wenn er seiner Verpflichtung als Mandatar, insbesondere zur diligentia, nicht nachgekommen ist, z. B. den Prozeß mit dem Gläubiger nachlässig geführt, oder den Schuldner nicht davon in Kenntniß gesetzt hat u. s. w.

exemplo creditoris etiam culpam aestimari oportet] Wie der Pfandgläubiger in Bezug auf das Pfand diligentia präſtirt, in der litis aestimatio für culpa Ersatz leistet, *L.* 13. § 1. *L.* 14. *D. de pign. act.* (13, 7). auch beim Verkauf des

Pfandes *L.* 22. § 4. *eod.* so auch hier der Bürge, nachdem er gegen Zahlung der Schuld den Besitz der Pfänder erhalten hat.

ceterum iudicio, quod de pignore dato proponitur, conveniri non potest.] Mit der actio pigneraticia aber kann er nicht belangt werden, weil er nicht von vorne herein durch den contractus pigneraticius mit dem Schuldner den Besitz des Pfandes erhalten hat, sondern mit der actio mandati; weil er als Bürge in den Besitz des Pfandes gekommen, wird auch die darauf bezügliche Verpflichtung in die Mandats-Obligation hereingezogen. Vgl. *L.* 8. *pr. D. mandati* (17, 1) *L.* 32. *pr. D. de negot. gest.* (3, 5).

L. III. Idem, libro XX. Quaestionum.

Da das Pfandrecht nur besteht, wenn die Sache zur Zeit der Verpfändung in bonis debitoris war, so entsteht die Frage, ob das rechtskräftige Urtheil (res iudicata), welches dem Schuldner das Eigenthum abspricht, auch gegen den Pfandgläubiger gilt? Im *Princ.* wird dieß verneint, wenn die Verpfändung der res iudicata vorausging, im § 1 bejaht, wenn sie ihr folgte.

Princ. Si superatus sit debitor, qui rem suam vindicabat, quod suam non probaret, aeque servanda erit creditori actio Serviana probanti res in bonis eo tempore, quo pignus contrahebatur, illius fuisse. sed et si victus sit debitor vindicans hereditatem, iudex actionis Servianae neglecta de hereditate dicta sententia pignoris causam inspicere debebit. atquin aliud in legatis et libertatibus dictum est, cum secundum eum, qui legitimam heriditatem vindicabat, sententia dicta est. sed creditor non bene legatariis per omnia comparatur, cum legata quidem aliter valere non possunt, quam si testamentum ratum esse constaret: enimvero fieri potest, ut et pignus recte sit acceptum, nec tamen ab eo*) lis bene instituta.

Si superatus sit debitor, qui rem suam vindicabat, quod suam non probaret] Der Schuldner hat mit der rei vindi-

*) Mommsen prior?

catio gegen einen dritten Besitzer geklagt, und den Prozeß verloren, das Eigenthum ist ihm abgesprochen worden, weil er den Beweis desselben, der ihm als Kläger oblag, nicht führen konnte.

aeque servanda erit creditori actio Serviana probanti res in bonis eo tempore, quo pignus contrahebatur, illius fuisse] Gleichwohl wird dem Gläubiger die actio Servina gegen denselben Besitzer nicht verloren sein, wenn er den Beweis führt, daß die Sache zur Zeit der Verpfändung, die jenem Prozeß und Urtheil vorausging, in bonis debitoris war. Der Besitzer kann sich gegen ihn nicht auf jenes rechtskräftige Urtheil berufen, ihm nicht die exceptio rei iudicatae entgegensetzen, weil die res iudicata nur unter den Partheien, nicht gegen Dritte förmliche Wahrheit begründet. *L.* 11. § 16. *L.* 29. § 1. *D. de exc. rei iud.* (44, 2).

sed et si victus sit debitor vindicans hereditatem, iudex actionis Servianae neglecta de hereditate dicta sententia pignoris causam inspicere debebit] Wie aber, wenn der Schuldner nicht mit der rei vindicatio, sondern mit der hereditatis petitio gegen den Besitzer des Pfandes, der selbst Erbe zu sein behauptete, geklagt und den Prozeß verloren hat, das Erbrecht und somit auch das Eigenthum dieser zur Erbschaft gehörigen Sache ist ihm abgesprochen worden, weil er jenes nicht zu beweisen vermochte? Auch in diesem Fall soll der Richter über die actio Serviana ohne Rücksicht auf das über die Erbschaft gesprochene Urtheil nur die Bedingungen des Pfandrechts, also auch das in bonis debitoris zur Zeit der Verpfändung und deren Beweis in Betracht ziehen.

atquin aliud in legatis et hereditatibus dictum est, cum secundum eum, qui legitimam hereditatem vindicabat, sententia dicta est] Papinian wendet selbst gegen jene Entscheidung ein, daß das Urtheil über das Erbrecht auch gegen Dritte, nehmlich gegen die Legatare und im Testament Freigelassene gelte, wenn gegen den Testamentserben und für den Intestaterben erkannt worden sei, weil diese von Jenem abhängig sind. Dasselbe scheint auch für das Pfandrecht gelten zu müssen, welches ja auch von dem Eigenthum des Schuldners abhängig ist.

sed creditor non bene legatariis per omnia comparatur] Allein, entgegnet er, der Pfandgläubiger kann nicht in jeder Beziehung den Legataren gleich gestellt werden, was für diese gilt, gilt deshalb noch nicht für jenen.

cum legata quidem aliter valere non possunt, quam si testamentum ratum esse constaret] Denn die Legate können nicht anders zu Recht bestehen, als wenn das Testament durch Ausführung seiner Hauptbestimmung, der Erbeseinsetzung, Gültigkeit behält. Es ist nicht sowohl das gegen den Testamentserben gefällte rechtskräftige Urtheil selbst, welches auch die Legatare bindet, als die Folge desselben, daß der Testamentserbe die Erbschaft, auf welcher die Legate lasten, nicht behält, die ihnen entgegensteht. *L.* 2. § 1. *D. de cond. indebiti* (12, 6) — ex testamento — quod — irritum — apparuerit. Wie durch Ausschlagung der Erbschaft von Seiten des Testamentserben, das Testament als testamentum destitutum oder irritum in allen seinen Bestimmungen über den Haufen fällt, *L.* 1. *D. de iniusto* (28, 3) *L.* 181. *D. de reg. iur.* (50, 17) so auch in diesem Fall; anders wenn die Ungültigkeit des Testaments nur gegen einen Legatar ausgesprochen wurde *L.* 1. *D. de exc. rei iud.* (44, 2).

enimvero fieri potest, ut et pignus recte sit acceptum, nec tamen ab eo lis bene instituta] Statt Mommsen's Vorschlag: prior lis, würde ich lieber lesen: ab illo *sc.* debitore. Das Pfandrecht hängt nicht davon ab, daß der Schuldner sich als Eigenthümer behauptet, sondern davon, daß er es zur Zeit der Verpfändung wirklich war, und es ist möglich, daß Jenem nur deshalb das Eigenthum abgesprochen wurde, weil er den Prozeß nicht richtig geführt hat, während er wirklich Eigenthümer war, der Gläubiger also das Pfandrecht erworben hat. Vgl. *L.* 5. *C. de pign.* (8, 14).

§ 1. Per iniuriam victus apud iudicium rem, quam

petierat, postea pignori obligavit: non plus habere creditor potest, quam habet, qui pignus dedit. ergo summovebitur rei iudicatae exceptione, tametsi maxime nullam propriam, qui vicit, actionem exercere possit: non enim quid ille non habuit, sed quid in ea re, quae pignori data est, debitor habuerit, considerandum est.

Per iniuriam victus apud iudicium (*l.* iudicem) rem, quam petierat, postea pignori obligavit] Der Schuldner und Eigenthümer der Sache, der sie von einem dritten Besitzer vindicirt und mit Unrecht den Prozeß verloren hatte, verpfändete sie nachher.

non plus habere creditor potest, quam habet, qui pignus dedit] Die Verpfändung begründet, wie Verkauf und Tradition, eine Singularsuccession, in deren Begriff es liegt, daß das Recht des Successors durch das Recht des Auctors bedingt ist, daß er also nicht mehr Recht haben kann, als Jener hatte *L.* 54. *D. de reg. iuris* (50, 17) *L.* 20. *pr. D. de acq. rer. dom.* (41, 1) und dieß gilt nicht bloß von dem dinglichen Recht selbst, sondern auch von obligatorischen Verhältnissen, die sich demselben anschließen und die Lage des Auctors beschränken, *L.* 175. *pr. L.* 177. *pr. D. de reg. iuris* (50, 17). Insbesondere gelten die Exceptionen gegen den Auctor auch gegen den Successor, jedoch mit Unterschied. In Bezug auf die exceptio doli wird unterschieden zwischen der Succession ex causa onerosa und lucrativa *L.* 4. § 31. *D. de doli mali exc.* (44, 4), die exceptio rei iudicatae steht jedem Successor entgegen.

ergo summovebitur rei iudicatae exceptione] Wie der Schuldner, wenn er die Sache noch einmal von dem Besitzer vindiciren wollte, so wird auch der Gläubiger, wenn er mit der actio Serviana gegen diesen klagt, durch die exceptio rei iudicatae zurückgewiesen, die Verpflichtung des rechtskräftigen Urtheils, durch welches Jenem das Eigenthum abgesprochen wurde, muß auch dieser anerkennen *L.* 11. *pr. L.* 29. § 1 *D. de exc. rei iud.* (44, 2).

tametsi maxime nullam propriam, qui vicit, actionem exercere possit] Wenngleich der Besitzer, der im Vindicationsprozeß Sieger blieb, keine eigene Klage anstellen, die Sache auf Grund des ihm günstigen Urtheils nicht vindiciren könnte, wenn der Pfandgläubiger besäße; denn dieses Urtheil war rein absolutorisch, sprach das Eigenthum nicht ihm zu, sondern nur dem Kläger ab *L.* 28. *C. de rei vind.* (3, 32) *L.* 2. *C. de probat.* (4, 19).

non enim quid ille non habuit] Denn jetzt, da er dem Pfandgläubiger die exceptio rei iudicatae entgegen setzt, kommt es gar nicht darauf an, daß nicht er, sondern der Schuldner wirklich Eigenthümer war, und mit Unrecht abgewiesen wurde.

sed quid in ea re, quae pignori data est, debitor habuerit, considerandum est] Sondern nur darauf, wie viel Recht der Schuldner hatte, da er die Sache verpfändete. Da er nun, obgleich Eigenthümer, durch die res iudicata gebunden war, so ist es auch der Gläubiger.

L. IV. Gaius, libro singulari de formula hypothecaria. Contrahitur hypotheca per pactum conventum, cum quis paciscatur, ut res eius propter aliquam obligationem sint hypothecae nomine obligatae: nec ad rem pertinet, quibus fit verbis, sicuti est et in his obligationibus, quae consensu contrahuntur. et ideo et sine scriptura si convenit, ut hypotheca sit et probari poterit, res obligata erit, de qua conveniunt. fiunt enim de his scripturae, ut quod actum est per eas facilius probari poterit (*l.* possit): et sine his autem valet, quod actum est, si habeat probationem: sicut et nuptiae sunt, licet testationes in scriptis habitae non sunt.

Gaius in seinem Buch de formula hypothecaria, also anknüpfend an die im prätorischen Edict für die Pfandklage aufgestellte Formel, erörterte das materielle Recht der Hypothek, wie nach ihm auch Marcian, und lehrt hier deren Entstehung durch formlosen Vertrag des Schuldners und Eigenthümers mit dem Gläubiger, in der aus seinen Institutionen bekannten äußerst faßlichen Schreibart, die jede Erläuterung überflüssig macht, aber in ihrer Weitschweifigkeit und Ungenauigkeit mit Papinian's Taciteischer Kürze und Präcision auffallend contrastirt.

per pactum conventum] vgl. *L.* 17. §. 2. *D. de pactis* (2, 14) *L.* 23. § 1. *L.* 34. § 1. *D. h. t. L.* 2. *C. quae res pignori* (8, 17).

propter aliquam obligationem] Die Verpfändung setzt irgend eine Schuld voraus, die dadurch gesichert werden soll. *L.* 5. *pr. h. t.* — pro quacumque obligatione.

nec ad rem pertinet, quibus fit verbis] Bei der bloß mündlichen Verpfändung sind die gebrauchten Worte gleichgültig, wie bei den Consensual-Contracten.

et sine scriptura] Auch Schrift ist nicht nothwendig.

et probari poterit, res obligata erit] Ungenau, denn vom Beweis der Verpfändung ist nicht das Haften der Sache an sich, sondern nur der Erfolg eines darüber entstandenen Prozesses abhängig.

fiunt enim de his scripturae] Bei formlosen Verträgen ist die Schrift nicht Bedingung ihrer Gültigkeit, sondern nur Beweismittel.

sicut et nuptiae sunt] Wie auch der Ehevertrag formlos, also gültig ist, wenngleich die gewöhnlichen den Eheconsens ausdrückenden Erklärungen (testationes) z. B. liberorum quaerendorum causa uxorem ducere (*Ulp.* III. 3) nicht schriftlich verzeichnet sind *L.* 13. *C. de nuptiis* (5, 4).

L. V. Marcianus, libro singulari ad formulam hypothecariam.

Princ. Res hypothecae dari posse sciendum est pro quacumque obligatione, sive mutua pecunia datur sive dos, sive emptio vel venditio contrahatur vel etiam locatio et conductio vel mandatum, et sive pura est obligatio vel in diem vel sub condicione, et sive in praesenti contractu sive etiam praecedat: sed et futurae obligationis nomine dari possunt: sed et non *solum* solvendae omnis pecuniae causa, verum etiam de parte eius: et vel pro civili obligatione vel honoraria vel tantum naturali. sed [et] in condicionali obligatione non alias obligantur, nisi condicio exstiterit.

Vom Schuldverhältniß, dessen Erfüllung durch die Hypothek sicher gestellt werden soll, als wesentlicher Bedingung ihrer Entstehung.

pro quacumque obligatione] Für irgend eine obligatio, worunter hier, wie sonst oft, nicht jedes Schuldverhältniß, sondern das durch Vertrag begründete, verstanden wird, wie die Beispiele beweisen, Darlehn, Dos, Kauf, Miethe, Mandat, und nachher: ex praesenti contractu *L.* 9. § 1. *D. de pign. act.* (13, 7). Bei der obligatio ex maleficio, die gegen den Willen des Schuldners entsteht, ist eine Verpfändung nicht denkbar, sie müßte denn vom Schuldner anerkannt und in eine vertragsmäßige verwandelt sein.

sive pura est obligatio vel in diem vel sub condicione] Der dies obligationis suspendirt nicht die Entstehung der Schuld, sondern nur deren Erfüllung, die Bedingung dagegen suspendirt die Entstehung des Schuldverhältnisses selbst. *L.* 213. *pr. D. de verb. sign.* (50, 16) daher in jenem Fall das Pfandrecht sofort entsteht *L.* 14. *pr. D. h. t. L.* 9. *pr. L.* 18. *D. qui pot.* (20, 4) in dem zweiten erst, wenn die Bedingung eintritt. S. nachher: nisi condicio exstiterit. Insofern aber der Schuldner pendente condicione schon gebunden ist und das Moment der Zeit bei der Bedingung als zufällig betrachtet, ihr Eintritt und die Entstehung der Schuld auf den Zeitpunkt des Vertrags retrotrahirt wird, gilt dieß letztere auch für die Entstehung des Pfandrechts *L.* 11. § 1. *L.* 9. § 2. *D. qui pot.* (20, 4).

sive in praesenti contractu sive etiam praecedat] Der Schuldvertrag und die Verpfändung können gleichzeitig geschehen. Ersterer kann aber auch vorausgehen und die Verpfändung folgen.

sed et futurae obligationis nomine dari possunt] Auch die Verpfändung kann vorausgehen, für einen zukünftigen Schuldvertrag können Pfänder gegeben werden, unter der Bedingung, daß er geschlossen wird, die aber als condicio potestativa, d. h. deren Eintritt von dem Willen des Schuldners abhängt, nicht retrotrahirt wird. *L.* 9. § 1. *L.* 11. *pr. D. qui. pot.* (20, 4).

solvendae omnis pecuniae causa, verum etiam de parte eius] Das Pfand wird immer, um die Erfüllung, also die Zahlung des geschuldeten Geldes zu sichern, entweder der ganzen Summe, oder eines Theils gegeben.

vel pro civili obligatione vel honoraria vel tantum naturali] Ob die Schuld nach Civilrecht oder nach prätorischem Recht klagbar sei, ist gleichgültig; aber auch für die nicht klagbare (obligatio tantum naturalis) kann ein Pfandrecht bestellt werden. *L.* 14. § 1. *D. h. t. L.* 11. §. 3. *D. de pign. act.* (13, 7).

sed [et] in condicionali obligatione non alias obligantur, nisi condicio exstiterit] Da erst mit dem Eintritt der wahren, d. h. von dem Willen des Schuldners unabhängigen Bedingung die Schuld entsteht, so entsteht auch das Pfandrecht erst dann. Wird aber die Bedingung retrotrahirt, d. h. die Schuld als schon zur Zeit des Contractes existirend betrachtet, so gilt dieß auch für das Pfandrecht. *L.* 9. § 1. *L.* 11. § 12. *qui pot.* (20, 4) So bei der bedingten Stipulation, nicht beim bedingten Damnationslegat *L.* 28. *D. h. t.*

§ 1. Inter pignus autem et hypothecam tantum nominis sonus differt] Eigentlich heißt nur das Faustpfand, da auch der Besitz dem Gläubiger eingeräumt worden, pignus, und hypotheca, wenn dieß nicht geschieht. *L. 9* § *2 D. de pign. act.* (13, 7). In Bezug auf das dingliche Recht und die actio hypothecaria aber, womit sich Marcian beschäftigt, ist es nur ein Namensunterschied. § 7 *Inst. de act.* (4, 6) — quantum ad actionem hypothecariam nihil interest.

§ 2. Dare autem quis hypothecam potest, sive pro sua obligatione sive pro aliena] Die Verpfändung der eigenen Sache für die Schuld eines Anderen ist möglich und eine Intercession so gut wie die persönliche Uebernahme derselben durch Bürgschaft. S. oben *L. 1. § 4. h. t.* auch *L. 1. § 1. L. 2 D. quae res pignori* (20, 3), *L. 8. pr. D. ad S. C. Vell.* (16, 1), *L. 5. L. 7. C. eod.* (4, 29).

L. VI. Ulpianus, libro septuagesimo tertio ad Edictum.

Obligatione generali rerum, quas quis habuit habiturusve sit, ea non continebuntur, quae verisimile est quemquam specialiter obligaturum non fuisse. ut puta supellex, item vestis relinquenda est debitori, et ex mancipiis quae in eo usu habebit, ut certum sit eum pignori daturum non fuisse. proinde de ministeriis eius perquam ei necessariis vel quae ad affectionem eius pertineant.

L. VII. Paulus, libro sexagesimo octavo ad Edictum.

Vel quae in usum cottidianum habentur, Serviana non competit.

L. VIII. Ulpianus, libro septuagesimo tertio ad Edictum.

Denique concubinam, filios naturales, alumnos constitit generali obligatione non contineri et si qua alia sunt huiusmodi ministeria.

L. IX. Gaius, libro nono ad Edictum provinciale.

Princ. Sed et quod ad eas res, quas eo tempore quo paciscebatur in bonis *non* habuit, idem observari debet.

Der Umfang der Verpfändung aller Güter, der gegenwärtigen und zukünftigen, wird, weil sie nicht die universitas, sondern die einzelnen Bestandtheile des Vermögens betrifft und als formloser Vertrag eine freiere Interpretation zuläßt, auf diejenigen Stücke nicht bezogen, von denen es wahrscheinlich oder gewiß ist, daß der Schuldner sie speciell nicht verpfändet haben würde. (Ulpian) Die Herausgabe dieser Stücke kann also mit der actio Serviana nicht gefordert werden (Paulus), sie sind dem Schuldner zu belassen (Ulpian) *Paul.* V. 6. § 16. *L.* 1. *C. quae res pign.* (8, 17). Als Beispiele werden angeführt Hausgeräth und Kleidungsstücke, von den Sklaven solche, die dem Schuldner unentbehrlich, weil Gegenstand des täglichen

Gebrauchs oder besonderer Zuneigung sind, als die Concubina, denn mit der eignen Sklavin ist der der Ehe ähnliche Concubinat möglich *L.* 38. *pr. D. de reb. auct. iud.* (42, 5), natürliche, d. h. mit der eigenen Sklavin erzeugte Kinder, die wie die Mutter im Eigenthum ihres Herrn sind, und Sklavenkinder, die der Herr wie eigene aufgezogen hat (alumni, *Gaius I.* § 19. *L.* 16. *pr. D. de man. vind.* (40, 2) *L.* 38. *D. de fid. lib.* (40, 5) — Gaius bemerkt zum Ueberfluß, daß alles dieß auch für später erworbene Sachen gilt.

§ 1. Quod emptionem venditionemque recipit, etiam pignerationem recipere potest.

Nur dem Verkehr entzogene Sachen (res extra commercium), die nicht im Eigenthum sein können, oder die unveräußerlich sind, können nicht verpfändet werden; dagegen ist Alles, was Gegenstand des Verkaufs sein kann, auch möglicher Gegenstand der Verpfändung, die selbst eine theilweise Entäußerung der Sache von Seiten des Eigenthümers ist und dem Gläubiger das Recht zum Verkauf derselben gewährt.

L. X. Ulpianus, libro septuagesimo tertio ad Edictum.

Si debitor res suas duobus simul pignori obligaverit ita, ut utrique in solidum obligatae essent, singuli in solidum adversus extraneos Serviana utentur: inter ipsos autem si quaestio moveatur, possidentis meliorem esse condicionem: dabitur enim possidenti haec exceptio: „si non convenit, ut eadem res mihi quoque pignori esset.“ si autem id actum fuerit, ut pro partibus res obligarentur, utilem actionem competere et inter ipsos et adversus extraneos, per quam [dimidiam] partis possessionem adprehendant singuli.

Dieselbe ganze Sache kann Mehrern verpfändet werden, das Pfandrecht also Mehrern an derselben ganzen Sache (in solidum) zustehen, während dieß für das Eigenthum nicht möglich ist, weil die Ausübung des Pfandrechtes nicht in sofortiger ausschließlicher Herrschaft über die Sache besteht, sondern nur eventuell das Recht auf den Besitz und den Verkauf der Sache gibt, in welchem Falle allerdings eine Collision der Rechte und die Frage entsteht, welches das stärkere sei. Die Regel ist, daß das früher entstandene Pfandrecht vorgeht, weil der Schuldner das einmal begründete Recht durch die spätere Verpfändung nicht beschränken konnte. Wie aber wenn sie gleichzeitig (simul) entstanden sind?

singuli in solidum adversus extraneos Serviana utentur] Gegen Dritte kann jeder der Gläubiger mit der actio Serviana den Besitz der ganzen Sache fordern und durch Verkauf derselben seine Befriedigung suchen.

inter ipsos autem si quaestio moveatur] Wenn es aber unter ihnen selbst zum Prozeß kommt?

possidentis meliorem esse condicionem] Da das Pfandrecht Beider zu gleicher Zeit entstanden ist, so ist es gleich stark, und wie in allen ähnlichen Fällen ist der Besitzer in der günstigeren Lage *L.* 128. *pr. D. de reg. iuris* (50, 17) sich im Besitz behaupten zu können, dessen Herausgabe der Kläger nur vermöge eines stärkern Rechts fordern könnte. *L.* 20. § 1. *D. de pign. act.* (13, 7) *L.* 1. § 1. *D. de Salv. interdicto* (43, 33) und *L.* 16. § 8. *D. h. t.*

exceptio: „si non convenit, ut eadem res mihi quoque pignori esset"] Das Pfandrecht begründet auch nicht blos eine Klage, die actio hypothecaria, gegen jeden Dritten auf den Besitz der Sache, sondern auch eine exceptio, wodurch der Gläubiger sich gegen jeden Dritten, selbst gegen den Eigenthümer im Besitz behauptet. *L.* 11. § 2. *L.* 13. § 2. *D. h. t.* So auch gegen einen andren Pfandgläubiger, der kein besseres Recht hat. Vgl. *L.* 12. *pr. D. qui pot.* (20, 4). Die negative Fassung: si non convenit, entspricht der allgemeinen Form der exceptio in der Formula, als Bedingung der Condemnation *Gai.* IV. § 119.

si autem id actum fuerit, ut pro partibus obligarentur] Wie das Eigenthum, so ist auch das Pfandrecht an ideellen Theilen der Sache möglich *L.* 7. § 4. *D. quib. modis pign.* (20, 6) und wenn es die Absicht bei dieser Verpfändung war, jedem Gläubiger nur einen ideellen Theil der Sache zu verpfänden, so wird jeder gegen Dritte und gegen den Andern mit der actio hypothecaria nur den Besitz des ihm verpfändeten ideellen Theils erhalten und nur diesen verkaufen können. Vgl. *L.* 16. § 8. *D. h. t.*

L. XI. Marcianus, libro singulari ad formulam hypothecariam.

Princ. Si is, qui bona rei publicae iure administrat, mutuam pecuniam pro ea accipiat, potest rem eius obligare.

Verpfändung durch einen Stellvertreter des Schuldners ist möglich, gleich wie andere formlose Rechtsgeschäfte.

qui bona rei publicae iure administrat] Der rechtmäßig durch ein Decret der Decurionen zum Verwalter städtischen Vermögens bestellt ist.

mutuam pecuniam pro ea accipiat] Wenn er ein Darlehn für die Stadtgemeinde, zu ihrem Vortheil (in rem eius) *L.* 3. *C. si aliena res pignori data sit* (8, 16) genommen und verwendet hat (ad utilitatem eius versae. *L.* 27. *D. de reb. cred.* (12, 1) so wird die Stadtgemeinde Schuldnerin.

potest rem eius obligare] Dann kann er auch eine der Stadt eigenthümlich gehörige, also ihm fremde Sache mit rechtlichem Erfolg verpfänden, als ihr Stellvertreter, wie auch der Vormund die Sache seines Mündels *L.* 3. *C. cit.*

§ 1. Si ἀντίχρησις facta sit, et in fundum aut in aedes aliquis inducatur, eo usque retinet possessionem pignoris loco, donec illi pecunia solvatur, cum in usuras fructus percipiat, aut locando aut ipse percipiendo habitandoque: itaque si amiserit possessionum, solet in factum actione uti.

Rechte der Antichrese. Vgl. auch *L.* 1. § 2. *h. t.*

in fundum aut in aedes aliquis inducatur] Die Antichrese ist immer mit Faustpfand, Uebergabe des Besitzes, auch an unbeweglichen Sachen, einem ländlichen Grundstück oder einem Hause, verbunden.

retinet possessionem pignoris loco, donec illi pecunia solvatur] Aus doppeltem Grunde, als Pfand für das Kapital, bis dieses gezahlt ist, und um die Früchte an Stelle der Zinsen zu ziehen.

aut locando aut ipse percipiendo habitandoque] Er kann entweder selbst die Früchte des ländlichen Grundstücks ziehen, das Haus bewohnen *L.* 14. *C. de usuris* (4, 32) oder auch verpachten und vermiethen, sein Gebrauchsrecht ist kein höchst persönliches *L.* 23. *pr. h. t.*

si amiserit possessionem, solet in factum actione uti] Wenn der Pfandgläubiger den Besitz verliert, nehmlich an den Schuldner, wie kann er ihn im Interesse seines Gebrauchsrechts wieder erlangen? Gegen einen dritten Besitzer würde er mit der actio hypothecaria klagen können *L.* 14. *pr. h. t.* Nicht gegen den Schuldner, denn da ist ihre Bedingung, daß die Schuld fällig und nicht bezahlt sei, um durch Verkauf der Sache seine Befriedigung zu erhalten. Wie in andern Fällen, wo eine benannte Klage fehlt, gibt der Prätor eine actio in factum concepta, worunter die prätorische dem einzelnen Falle angepaßte Klage *L.* 11. *D. de praescr. verbis* (19, 5) oder auch die civilis in factum actio oder praescriptis verbis gemeint sein kann *L.* 1—4. *D. eod.* denn die Antichrese geht über die gewöhnlichen Bedingungen des contractus pigneraticius hinaus, kann also als Immonialcontract behandelt werden.

§ 2. Usus fructus an possit pignori hypothecaeve dari, quaesitum est, sive dominus proprietatis convenerit, sive ille, qui solum usum fructum habet. et scribit Papinianus libro undecimo Responsorum, tuendum creditorem et si velit cum creditore proprietarius agere, non esse ei ius uti frui invito se, tali exceptione eum Praetor tuebitur „si non inter creditorem et eum, ad quem usus fructus pertinet, convenerit, ut usus fructus pignori sit“: nam et cum emptorem usus fructus tuetur Praetor, cur non et creditorem tuebitur? eadem ratione et debitori obicietur exceptio

Ist das Pfandrecht, das seiner Natur nach sich auf körperliche Sachen im Eigenthum des Schuldners bezieht, analog auf andere Vermögensrechte (res incorporales), insbesondere Ususfructus anwendbar? Vgl. *L.* 1. *C. si pignus pign. dat.* (8, 24).

quaesitum est] Wurde zu Marcian's Zeit unter den Juristen gefragt und zwar unter zwiefacher Voraussetzung.

sive dominus proprietatis convenerit] Wenn der Eigenthümer nicht die Sache selbst, sondern nur den Ususfructus an ihr verpfändet hat. Civilrechtlich kann der Ususfructus nur durch in iure cessio constituirt werden, *Gai.* II. § 30. *Ulp.* 19. § 11. und zur Sicherung einer Schuld konnte dieß ohne Zweifel auch als Fiducia geschehen. *Gai.* II. § 60. Da aber Marcian eine formlose conventio zwischen dem Eigenthümer und Pfandgläubiger voraussetzt, so hat er wohl, wie in dem zweiten Falle, nur prätorische Gültigkeit des Ususfructus (tuitione Praetoris) angenommen, was freilich außer dem Vertrag auch Tradition voraussetzt, eine Voraussetzung die auch dem zweiten Fall zum Grunde liegt. *L.* 1. *pr. D. quibus modis usus fr.* (7, 4.).

sive ille, qui solum usum fructum habet] Der Usufructuar verpfändet seinen Ususfructus.

et scribit Papinianus libro undecimo Responsorum] Da Papinian seine Responsa nicht auf akademische, sondern auf praktische Fragen bezog, so erhellt auch hieraus, daß die Verpfändung von Vermögensrechten, insbesondere des Ususfructus im Leben vorkam und daß die Juristen nur auf Mittel sannen, dem praktischen Bedürfniß zu dienen.

tuendum creditorem] Der Ususfructus selbst als ein höchst persönliches Recht kann nicht übertragen werden, sondern nur seine Ausübung, die iuris quasi possessio, und wer sie mit dem Willen des Usufructuars hat, den schützt der Prätor durch ein von ihm erfundenes Rechtsmittel. Welches dieß sei, sagt die Folge.

et si velit cum creditore proprietarius agere, non esse ei ius uti frui invito se] Der Eigenthümer hat gegen den Pfandgläubiger, der sich im Besitz und in Ausübung des Ususfructus befindet, die actio negatoria *L.* 5. *pr. D. si usus fructus pet.* (7, 6) und würde damit durchdringen; denn der Beklagte kann nicht beweisen, daß ihm der Ususfructus selbst zustehe. Allein:

tali exceptione eum Praetor tuebitur: „si non inter creditorem et eum, ad quem usus fructus pertinet, convenerit, ut usus fructus pignori sit"] Durch eine exceptio in factum concepta, durch welche der Beklagte sich auf den Usufructus seines Schuldners und die Verpfändung desselben beruft, schützt ihn der Prätor im Besitz gegen den Eigenthümer.

nam et cum emptorem usus fructus tuetur Praetor, cur non et creditorem tuebitur?] Obgleich der Usufructus selbst als höchst persönliches Recht unübertragbar ist, schützt der Prätor den Käufer vom Usufructuar in der ihm übertragenen Ausübung desselben *L.* 12. § 2. *L.* 67. *D. de usu fr.* (7, 1) Ebenso hier den Pfandgläubiger. Natürlich nur so lange der Usufructus besteht. *L.* 8. *pr. D. quibus modis pignus solvitur* (20, 6)

eadem ratione et debitori obicietur exceptio] Durch dieselbe Exceptio schützt er ihn auch gegen die actio confessoria des Schuldners im Besitz, bis die Schuld bezahlt ist.

Wie aber wenn die Schuld fällig ist und nicht bezahlt wird? Dann muß der Pfandgläubiger seine Befriedigung durch Verkauf der Früchte, welche ihm mittelbar verpfändet sind (vergl. *L.* 15. *pr. h. t.*) oder auch durch Verkauf des ihm verpfändeten Usufructus suchen können und der Prätor wird auch in diesem Fall den Käufer in der Ausübung des Usufructus schützen, so lange dieser besteht, d. h. regelmäßig bis zum Tode des Usufructuars d. i. hier des Schuldners.

Und da der Käufer des Usufructus vom Prätor auch durch eine actio confessoria utilis geschützt wird, *L.* 5. *pr. D. quib. modis usus fr.* (7, 4), so muß wohl dasselbe auch für den Pfandgläubiger bis zu seiner Befriedigung gelten, obgleich Marcian nur die Exception erwähnt.

§ 3. Iura praediorum urbanorum pignori dari non possunt: igitur nec convenire possunt *) ut hypothecae sint.

---

*) *Hal.* conveniri potest.

Können Prädialservituten verpfändet werden? Für iura praediorum urbanorum d. h. solche, die nur zu Gunsten von Gebäuden (aedificia) möglich sind (*L.* 1. *pr. D. comm. praed.* 8, 4), leugnet es Marcian; weil ein Faustpfand nicht möglich sei, so könne auch eine Hypothek daran nicht constituirt werden. Sie setzen eine bleibende Einrichtung des Gebäudes, des herrschenden Grundstücks voraus, welche kaum vorübergehenden Besitz (*L.* 3. *D. de precario* 43, 26) also in so fern pignus, keines Falls aber Uebertragung auf ein anderes Gebäude, also Verkauf der pfandweise constituirten Servitut und Hypothek zuläßt.

L. XII. Paulus, libro sexagesimo octavo ad Edictum.

Sed an viae, itineris, actus, aquae ductus pignoris conventio locum habeat, videndum esse Pomponius ait, ut talis pactio fiat, ut quamdiu pecunia soluta non sit, eis servitutibus creditor utatur (scilicet si vicinum fundum habeat) et, si intra diem certum pecunia soluta non sit, vendere eas vicino liceat: quae sententia propter utilitatem contrahentium admittenda est.

Auch der Verpfändung der einem ländlichen Grundstück zustehenden Servituten, (iura praediorum rusticorum) der Wegegerechtigkeiten und der Wasserleitung, scheint entgegen zu stehen, daß sie durch ihren wesentlichen Zweck (vicino praedio utilia) rechtlich mit dem Eigenthum desselben verknüpft sind, also auf einen Andern nicht übertragen, nicht verkauft werden können. Indeß war, wie schon Pomponius, also in Hadrians Zeit schrieb, und Paulus utilitatis causa d. h. um auch in dieser Weise den Credit und Geldverkehr zu fördern, ihre Verpfändung zugelassen. Ueber das Wie? drückt sich die Stelle kurz und dunkel aus, daher verschiedene Auslegungen versucht worden sind. Das Richtige möchte Folgendes sein:

pignoris conventio] Der Schuldner und Eigenthümer eines ländlichen Grundstücks schließt mit seinem Gläubiger, der ein benachbartes ländliches Grundstück besitzt, einen Pfandvertrag, durch welchen er ihm bis zur Zahlung der Schuld [quamdiu pecunia soluta non sit] den Besitz z. B. einer Wegegerechtigkeit als Pfand und das Recht sie dem Eigenthümer eines andern benachbarten ländlichen Grundstücks zu verkaufen [*possidere et* vendere eas vicino liceat] einräumt. In dieser allerdings beschränkten und künstlichen Weise ist die Verpfändung möglich gemacht und das Wesen der Prädialservitut gewahrt.

Wie der Pfandgläubiger und später der Käufer der Servitut in deren Besitz geschützt worden, sagt weder Pomponius noch Paulus. Nach Analogie des Ususfructus aber ist anzunehmen, daß sie, da die Servitut nicht civilrechtlich durch mancipatio oder in iure cessio, sondern nur durch Vertrag und Tradition constituirt ist, vom Prätor durch eine Exceptio und actio confessoria utilis geschützt wurden.

L. XIII. Marcianus, libro singulari ad formulam hypothecariam.

Princ. Grege pignori obligato, quae postea nascuntur, tenentur: sed et si prioribus capitibus decedentibus totus grex fuerit renovatus, pignori tenebitur.

Wie das Eigenthum an einer Gesammtheit gleichartiger körperlicher Sachen, der s. g. universitas rerum, möglich ist, *L.* 1. § 3. *L.* 2. *L.* 3. *pr. D. de rei vind.* (6, 1) so auch das Pfandrecht z. B. an einer Heerde.

quae postea nascuntur] *sc.* et submittuntur, d. h. der Heerde hinzugefügt werden, haften nicht als Früchte, sondern als Theil der Heerde..

totus grex renovatus] Die durch Substituirung der jungen Thiere ganz erneuerte Heerde ist keine andere, sondern dieselbe Sache, haftet also dem Pfandrechte.

§ 1. Statuliber quoque dari hypothecae poterit, licet condicione existente evanescat pignus.

Statuliber] Ein im Testament unter einer Bedingung freigelassener Sklave (statuliber) ist pendente condicione in der Potestas und dem Eigenthum seines Herrn (*Ulp. fragm.* II.), kann also verpfändet werden.

condicione existente evanescat pignus] Tritt die Bedingung ein, so wird er ein freier Mensch, an dem als extra commercium das Pfandrecht nicht ferner möglich ist, also erlöscht.

§ 2. Cum pignori rem pigneratam accipi posse placuerit, quatenus utraque pecunia debetur, pignus secundo creditori tenetur et tam exceptio, quam actio utilis ei danda est: quod si dominus solverit pecuniam, pignus quoque peremitur. sed potest dubitari, numquid creditori nummorum solutorum nomine utilis actio danda sit, an non: quid enim si res soluta fuerit? et verum est, quod Pomponius libro septimo ad Edictum scribit, si quidem pecuniam debet is, cuius nomen pignori datum est, exacta ea creditorem secum pensaturum: si vero corpus is debuerit et solverit, pignoris loco futurum apud secundum creditorem.

Wie alle Vermögensrechte, so kann auch das Pfandrecht verpfändet werden, das pignus pignori datum *Cod.* 8, 24. *si pignus pignori datum sit.*

Cum pignori rem pigneratam accipi posse placuerit] Für das pignus pignori datum ein ungenauer Ausdruck in doppelter Hinsicht, denn, 1) dem Wortsinn nach könnte es von einer zweiten Verpfändung durch den Eigenthümer verstanden werden und 2) der Pfandgläubiger verpfändet nicht sowohl die Sache, dieß kann nur der Eigenthümer, sondern sein Pfandrecht an derselben. Marcian behauptet die allgemein angenommene Möglichkeit derselben. Die Wirkung bestimmt er im Folgenden.

quatenus utraque pecunia debetur, pignus secundo creditori tenetur] Zwei Schuldverhältnisse werden vorausgesetzt. Der Eigenthümer der Sache schuldet dem ersten Pfandgläubiger und dieser dem Zweiten, dem er sein Pfandrecht verpfändet hat. Nur insofern beide Schuldverhältnisse bestehen und auf denselben Betrag gehen, besteht mit dem ersten Pfandrecht auch das zweite, weil dieses durch jenes bedingt ist.

et tam exceptio, quam actio utilis ei danda est] Der

zweite Pfandgläubiger übt vermöge der Verpfändung das Recht des Ersten aus in Bezug auf den Besitz der Sache und ihren Verkauf; im Besitz behauptet er sich durch eine Exceptio nicht nur gegen den Ersten, seinen Schuldner, sondern auch gegen den Eigenthümer, und hat gegen Beide auch die Pfandklage als actio utilis.

quod si dominus solverit pecuniam, pignus quoque peremitur] Durch Zahlung des Eigenthümers, natürlich nicht an den zweiten Pfandgläubiger, dem er nichts schuldet, sondern an den Ersten, geht das Pfandrecht dieses Ersten, und damit auch das des zweiten Pfandgläubigers, das kein Objekt mehr hat, unter. Auf diesen Zweiten scheint quoque zu deuten.

numquid creditori nummorum solutorum nomine utilis actio danda sit, an non] Der zweite Pfandgläubiger hat an der verpfändeten Sache kein Recht mehr; aber, fragt Marcian, hat er auf die gezahlten Geldstücke als ihm verpfändet eine Klage? natürlich, nur so lange sie nicht mit anderm Gelde vermischt und damit als Species untergegangen sind.

quid enim si res soluta fuerit] Praktisch bedeutender ist deshalb die Frage, wenn eine specielle Sache geschuldet und geleistet wurde. Kann der zweite Pfandgläubiger diese als Pfand von seinem Schuldner einklagen?

Die Frage erscheint ganz willkührlich, wenn nicht vorausgesetzt wird, daß der erste Pfandgläubiger dem Zweiten nicht nur sein Pfandrecht, sondern auch seine Forderung verpfändet habe, was möglich, nomen pignori datum (*L.* 20. *D. h.t. L.* 4. *C. quae res pignori* (8, 17) *L.* 7. *C. de her. vel act. vend.* (4, 39) und bei der Zusammengehörigkeit von Pfandrecht und Forderung selbst zu vermuthen ist. Die Verpfändung der Forderung ist selbst als Hauptsache zu denken, welcher das Pfandrecht als Accessorium nur folgt. Diese Voraussetzung des Juristen bestätigt die Folge.

et verum est, quod Pomponius — sribit, si quidem pecuniam debet is, cuius nomen pignori datum est] Wie kam Marcian darauf, die Aussage des Pomponius über das nomen pignori datum anzuführen, wenn er nicht eben diesen Fall auch hier vorausgesetzt hätte?

exacta ea creditorem secum pensaturum] Im Fall der verpfändeten Forderung kann der Pfandgläubiger das vom Schuldner seines Schuldners an diesen gezahlte Geld auch nach der Vermischung mit anderm Gelde einklagen und sich für seine Forderung also bezahlt machen. *L.* 18. *pr. D. de pign. act.* (13, 7).

si vero corpus is debuerit et solverit, pignoris loco futurum apud secundum creditorem] Wenn aber eine Sache geschuldet und geleistet wird, so kann der Pfandgläubiger zwar nicht das Eigenthum derselben in Anspruch nehmen, aber als Pfand einklagen und zum Verkauf bringen. *L.* 18. *pr. cit.* Ebenso schließt Marcian auch in diesem Falle, weil angenommen werden muß, daß mit dem Pfandrecht auch die Forderung verpfändet worden ist.

§ 3. Et in superficiariis legitime consistere creditor potest adversus quemlibet possesorem, sive tantum pactum conventum de hypotheca intervenerit, sive etiam possessio tradita fuerit, deinde amissa sit.

Das Pfandrecht an der Superficies als ius in re *L.* 16. § 2. *D. de pign. act.* (13, 7).

in superficiariis] *sc.* aedibus. Der Eigenthümer des Grund und Bodens ist auch Eigenthümer des darauf errichteten Gebäudes, er kann aber einem Andern an Beidem gegen Zahlung eines Pachtgeldes (solarium) ein vererbliches und verkäufliches Nutzungsrecht als ius in re constituiren. *Dig.* 43, 18. *de superficiebus.* Da es verkäuflich ist, so kann der Superficiar es auch verpfänden.

legitime consistere creditor potest adversus quemlibet possessorem] Wie der Superficiar sein dingliches Recht gegen jeden dritten Besitzer durch eine prätorische in rem actio geltend machen kann, *L.* 73. *L.* 74. *L.* 75. *D. de rei vind.* (6, 1) so auch der, dem dies Recht verpfändet ist, durch eine actio hypothecaria utilis *L.* 16. § 2. *cit.* gegen jeden dritten Be=

ſitzer, alſo nicht bloß gegen den Superficiar und Verpfänder, ſondern auch gegen den Eigenthümer als Kläger auftreten (legitime consistere).

de hypotheca] Es mag nun durch Vertrag eine Hypothek conſtituirt ſein, um wegen Nichtzahlung der fälligen Schuld den Beſitz zu erlangen und die Superficies verkaufen zu können,

sive etiam possessio tradita fuerit] oder es mag als Fauſtpfand dem Gläubiger auch der Beſitz des Gebäudes gegeben und wieder verloren ſein, um ſich wieder in Beſitz zu ſetzen und im Nichtzahlungsfall die Superficies verkaufen zu können.

§ 4. Etiam si creditor iudicatum debitorem fecerit, hypotheca manet obligata, quia suas condiciones habet hypothecaria actio: id est si soluta est pecunia aut satisfactum est, quibus cessantibus tenet. et si cum defensore in personam egero, licet is mihi satisdederit et damnatus sit, aeque hypotheca manet obligata. multo magis érgo si in personam actum sit, sive cum reo sive cum fideiussore, sive cum utrisque pro parte, licet damnati sint, hypotheca manet obligata nec per hoc videtur satisfactum creditori, quod habet iudicati actionem.

Untergang des Pfandrechts durch Zahlung (solutio) oder Befriedigung (satisfactio) des Gläubigers, nicht aber durch Contumation des Schuldners *L. un. C. etiam ob chir. pec.* (8, 27).

si creditor iudicatum debitorum fecerit] Der Pfandgläubiger iſt mit der perſönlichen Klage gegen den Schuldner aufgetreten und hat deſſen Condemnation, welche rechtskräftig (res iudicata) geworden, erlangt. Der verurtheilte Schuldner heißt techniſch iudicatus z. B. bei *Gai.* IV. § 21. III. § 78. 199.

hypotheca manet obligata] Schon durch die litis contestatio und dann durch die condemnatio wird die urſprüngliche Schuld aufgehoben und eine neue, die obligatio iudicati, wie durch novatio, ihr substituirt *Gai.* III, § 180. 181. IV. 107. 108., so jedoch daß, anders als bei der willkührlichen Novation, alle Vortheile der ursprünglichen Obligation auf die neue übergehen *L.* 29. *D. de novat.* (46, 2) *L.* 86. *L.* 87. *D. de reg. iur.* (50, 17) also auch das Pfandrecht bei der Litiscontestation *L.* 11. *pr.* § 1. *D. de pign. act.* (13, 7) und bei der Condemnation, was Marcian hier bezeugt.

quia suas condiciones habet hypothecaria actio] Denn die Pfandklage hat ihre eigenthümlichen, in der Formula ausgedrückten Bedingungen, welche auch die Bedingungen der Fortdauer oder des Untergangs des Pfandrechts selbst sind.

id est si soluta est pecunia aut satisfactum est] Als Bedingung der Pfandklage hieß es in der formula hypothecaria: Si paret eam rem — ob pecuniam debitoris pignori obligatam eamque pecuniam neque solutam neque eo nomine satisfactam esse; wodurch indirect gesagt war, daß durch Zahlung oder eine andere Befriedigung des Gläubigers die Pfandklage ausgeschlossen werde, weil die Hypothek erloschen sei.

quibus cessantibus tenet] Fehlt es an diesen Bedingungen, d. h. ist der Gläubiger weder bezahlt noch sonst befriedigt, welches Beides hier nicht der Fall ist, so haftet das Pfandrecht und die Klage.

et si cum defensore in personam egero] Wenn der Gläubiger gegen einen Defensor, der den abwesenden Beklagten als Negotiorum Gestor im Prozeß vertritt, geklagt hat, so hat dieser durch die Litiscontestation, wie durch Expromission die Schuld übernommen und der Schuldner ist liberirt *L.* 23. *D. de solut.* (46, 3) *L.* 10. § 1. *D. de in rem verso* (15, 3).

licet is mihi satisdederit] Der Kläger braucht sich keinen Vertreter des Beklagten, der schon durch die Litiscontestation an dessen Stelle sein Schuldner wird, gefallen zu lassen, der ihm nicht Bürgschaft wegen der Bezahlung, satisdatio iudicatum solvi, gibt. *Gai.* IV. § 101. *L.* 76. *D. de procur.* (3, 3) *L.* 63. *D. de iudiciis* (5, 1).

et damnatus sit] Das condemnatorische Urtheil wird der Formula gemäß, (*Gai.* IV. § 87.) auf den Vertreter des Beklagten gerichtet (*L.* 8. § 2. *D. ad S. C. Vell.* (16, 1) und gegen den Defensor auch die actio iudicati gegeben. *L.* 61. *L.* 28. *fin. D. de procur.* (3, 3.)

aeque hypotheca manet obligata] Gleichviel bleibt auch in diesem Fall das Pfandrecht bestehen. Formell ist durch Litiscontestation und Res judicata die Hypothek nicht liberirt; aber man kann die Aufhebung auch daraus nicht folgern, daß der Gläubiger durch die Klage gegen den Defensor, durch dessen Bürgschaft und Condemnation, also durch Annahme einer neuen Sicherheit wie im Falle der *L.* 5. § 2. *D. quibus modis pignus solvitur* (20, 6) auf die Hypothek verzichtet habe; denn durch die Klage gegen den Defensor, dessen Zulassung gar nicht von seinem Willen abhängt (*L.* 3. *fin. D. fam. erisc.* 10, 2.) sucht er erst seine Befriedigung zu erhalten.

multo magis ergo] Um so viel mehr muß also die Hypothek fortbestehen, wenn der Pfandgläubiger persönlich gegen den Schuldner und seinen Bürgen geklagt und ihre Verurtheilung erlangt hat, wo jene Annahme des Verzichtes auf das Pfandrecht nicht denkbar ist.

nec per hoc videtur satisfactum creditori, quod habet iudicati actionem] Die actio iudicati, die der Pfandgläubiger anstatt seiner ursprünglichen Forderung erhalten, ist keine satisfactio, sondern das Mittel sie zu erlangen.

§ 5. Si sub condicione debiti nomine obligata sit hypotheca, dicendum est ante condicionem non recte agi, cum nihil interim debeatur: sed si sub condicione debiti condicio venerit, rursus agere poterit. sed si praesens sit debitum, hypotheca vero sub condicione, et agatur ante condicionem hypothecaria, verum quidem est, pecuniam solutam non esse, sed auferri hypothecam iniquum est: ideoque arbitrio iudicis cautiones interponendae sunt: „si condicio exstiterit, nec pecunia solvatur, restitui hypothecam, si in rerum natura sit“.

Erfolg der actio hypothecaria bei **bedingter Schuld und bedingter Verpfändung**.

Si sub condicione debiti nomine obligata sit hypotheca] Für eine bedingte Schuld ist eine Sache unbedingt verpfändet worden.

ante condicionem non recte agi] Vor Eintritt der Bedingung wird nicht bloß mit der Schuldklage, sondern auch mit der Pfandklage nicht richtig, d. h. zu früh geklagt (plus petitur tempore) *Gai.* IV. § 53.

cum nihil interim debeatur] Weil vor Eintritt der Bedingung die Schuld nicht existirte *L.* 213. *pr. D. de verb. sign.* (80, 16) und auch das Pfandrecht erst mit der Schuld entsteht *L.* 5. *pr. h. t.*, und daher die formula hypothecaria in den Worten: Si paret eam rem — ob pecuniam debitam obligatam esse, die Existenz der Schuld ausdrücklich zur Bedingung der Condemnation machte, der Beklagte also in diesem Fall absolvirt und dem Kläger das Pfandrecht abgesprochen werden mußte.

sed si sub condicione debiti condicio venerit, rursus agere poterit] Aber wenn die Bedingung der bedingten Schuld eingetreten, also die Schuld entstanden ist, soll der Pfandgläubiger wiederum mit der actio hypothecaria klagen können. Aber wie ist dieß möglich? da dieselbe Klage nicht zweimal angestellt werden darf (bis de eadem re agere non licet), da die actio hypothecaria schon durch die litis contestatio in dem ersten Prozeß consumirt und durch die res iudicata das Pfandrecht ihm abgesprochen worden, die zweite Klage also zwar, weil die actio hypothecaria als prätorische Klage in factum concipirt wird, nicht ipso iure ausgeschlossen ist, aber durch die exceptio rei iudicatae vel in iudicium deductae zurückgewiesen werden kann, *Gai.* IV. § 106. 107., also auch in diesem Fall, wer zu früh klagt, nicht nur den Prozeß, sondern die Sache selbst verliert (causa cadit atque rem perdit. *Gai.* IV. § 53.) Marcian's Entscheidung scheint mit diesen sicher bezeugten Grundsätzen in Widerspruch zu stehen.

Sie erklärt sich aber daraus, daß dieß einer der Ausnahmefälle war, wo die spätere klassische Jurisprudenz das rein formelle Consumtions-Princip im Interesse der Aequitas durch in integrum restitutio oder exceptio doli unschädlich zu machen suchte. In der That beruhte die Ausschließung der zweiten Klage in diesem Fall auf dem rein formellen Grunde der Consumtion der ersten durch die Litiscontestation und darauf, daß der Judex nach Maßgabe der Formula nur condemniren oder unbedingt absolviren, nicht, wie heutzutage der Richter „zur Zeit" die Klage für unbegründet erklären konnte. Dagegen, die Sache angesehen, konnte gerechter Weise der Beklagte, wenn die Schuld nur jetzt bestand und nicht bezahlt wurde, die Herausgabe des Pfandes an den Gläubiger zum Behuf ihres Verkaufes nicht verweigern, seine exceptio rei iudicatae vel in iudicium deductae konnte von dem Gläubiger durch die replicatio doli zurückgewiesen werden, welche der Judex oder Arbiter, da die Pfandklage eine actio arbitraria war, auch ohne ausdrückliche Instruktion in der Formula berücksichtigen mußte. Als Regel galt der Verlust der Sache zur Strafe der plus petitio tempore noch in späterer Zeit *Paul. rec. sent.* I. 10. § 33. *J. de act.* (4, 6.)

sed si praesens sit debitum, hypotheca vero sub condicione, et agatur ante condicionem hypothecaria] Wie aber wenn im Fall unbedingter Schuld und bedingter Verpfändung vor Eintritt der Bedingung mit der actio hypothecaria geklagt wird? Auch hier scheint der Kläger, dessen Pfandrecht noch nicht entstanden ist, durch plus petitio tempore den Prozeß und die Sache verlieren zu müssen. Daß dieß nicht der Fall sei, setzt Marcian stillschweigend voraus und es ist zunächst aus der freien Natur der Pfandklage als actio arbitraria und ihrer formula in factum concepta zu erklären; denn wenn es darin heißt: si paret AA. cum N. N. convenisse de pignore oder auch: si paret eam rem obligatam esse, so konnte unter dieser Thatsache auch die bedingte Verpfändung begriffen und diese Bedingung der Klage als vorhanden betrachtet werden. Marcian geht deshalb unmittelbar zu der Frage über, ob dem Beklagten nicht die Herausgabe des Pfandes durch das Arbitrium Judicis auferlegt und wenn sie nicht erfolgt, derselbe condemnirt werden müsse.

verum quidem est, pecuniam solutam non esse] Denn die andere Bedingung der Klage und der Condemnation: pecuniam debitam neque solutam esse, die in dem ersten Fall fehlte, ist in dem zweiten vorhanden, also müßte hiernach jene Frage bejaht werden.

sed auferri hypothecam iniquum est] Dieß aber, nehmlich das Pfand dem Schuldner zu nehmen und dem Gläubiger zum Besitz und Verkauf zu übergeben, würde unbillig sein, da der Schuldner die Sache nur bedingt verpfändet und der Gläubiger selbst sich mit der bedingten Verpfändung begnügt hat, die Bedingung aber noch nicht eingetreten ist. Aber da die Klage zugelassen worden, so mußte doch Etwas für den Pfandgläubiger geschehen.

ideoque arbitrio iudicis cautiones interponendae sunt: „si condicio exstiterit nec pecunia solvatur, restitui hypothecam"] Die freie Natur der actio hypothecaria als actio arbitraria und die Analogie der actiones bonae fidei (*L*, 41. *D. de iudiciis* 5, 1) bot einen mittleren Ausweg dar. Der Judex kann in seinem Arbitrium dem Beklagten eine Caution auferlegen, daß er, wenn die Bedingung eintritt, das Pfand dem Gläubiger herausgeben wolle, dem Gläubiger also schon jetzt eine höhere Sicherheit geben, die er durch den Besitz des Pfandes nicht erlangen konnte.

si in rerum natura sit] Eine natürliche, also eigentlich überflüssige Clausel der Caution; denn durch den Untergang der Sache ist nicht nur deren Herausgabe unmöglich, sondern auch das Pfandrecht erloschen. *L.* 8. *pr. D. quibus modis pign.* (20, 6.)

§ 6. Propter usuras quoque si obligata sit hypotheca, usurae solvi debent: idem et in poena dicemus.

Ohne Zweifel das Fragment einer größern Schriftstelle,

das nur in seinem ursprünglichen Zusammenhang einen erheblichen Sinn hat.

propter usuras] Auch für die Zinsobligation, die als obligatio sub die erst mit dem Eintritt des dies fällig wird, kann eine Hypothek bestellt werden.

usurae solvi debent] Das Pfandrecht entsteht unmittelbar, kann aber durch die actio hypothecaria erst dann geltend gemacht werden, wenn die Zinsen gezahlt werden müssen, d. h. der Zinstermin gekommen und nicht bezahlt ist.

idem et in poena dicemus] Die poenae stipulatio ist eine bedingte, wenn Etwas geschehen oder nicht geschehen ist, soll der Promissor zur Strafe eine Summe Geldes zahlen. Das Pfandrecht ist hier mitbedingt und die actio hypothecaria kann erst angestellt werden, wenn die poena fällig und nicht gezahlt worden ist.

L. XIV. Ulpianus, libro septuagesimo tertio ad Edictum.

Princ. Quaesitum est, si nondum dies pensionis venit, an et medio tempore persequi pignora permittendum sit. et puto dandam pignoris persecutionem, quia interest mea: et ita Celsus scribit.

Ob die gerichtliche Verfolgung der Pfänder vor dem Zahlungstermin der Schuld stattfinde?

si nondum dies pensionis venit] Der Ausdruck pensio, Miethgeld, zeigt, daß das stillschweigende oder gesetzliche Pfandrecht des Vermiethers eines praedium urbanum an den hereingebrachten Mobilien (invecta et illata) des Miethers, welches ursprünglich Localrecht der Stadt Rom war und dann allgemeines Recht wurde, in diesem Fall vorausgesetzt wird. Vgl. *L.* 2. *D. in quibus causis pignus vel hypotheca tacite contrahitur* (20, 2.) *L.* 7. *C. eod.* (8, 15.) Da das Miethgeld in bestimmten Terminen und zwar postnumerando gezahlt zu werden pflegte, so entsteht auch hier die Frage:

an et medio tempore persequi pignora permittendum sit] Ob der Vermiether auch vor Eintritt des Zahlungstermins die Pfänder verfolgen könne? Der Ausdruck persequi deutet bei Ulpian's gewohnter Präcision nicht auf die actio hypothecaria, auch nicht das Interdictum Salvianum (*Dig.* 43, 33. *de Salviano interdicto*), sondern auf eine extraordinaria cognitio, (L. 178. § 2. De verb. sign. (50, 16). *Ulp.* — persecutionis verbo extraordinarias persecutiones puto contineri) wie denn in der That eine solche wegen der invecta et illata, wenn der Miether sie vor oder bei dem Auszuge aus dem Hause gebracht hatte, der Vermiether also sein Retentionsrecht nicht mehr üben konnte (*Dig.* 43, 32 *de migrando*) von einer Polzeibehörde der Stadt Rom (Praefectus vigilum? *L.* 56. *D. locati* (19, 12). *L.* 1. § 2. *D. de migrando* (43, 32) gegen den Miether oder auch gegen den dritten Besitzer stattfand.

et puto dandam pignoris persecutionem] Ulpian sagt also nicht Salvianum interdictum oder formulam hypothecariam, sondern persecutionem pignoris dandam, der betreffende Beamte hat die Klage auf die Pfänder zuzulassen.

quia interest mea] Es wird vorausgesetzt, daß der Miether invecta et illata vor dem Termin, an dem der Miethzins fällig wurde, aus dem Hause weggebracht und entweder selbst noch besaß oder auf einen Andern veräußert hatte. Obgleich also sonst der Pfandgläubiger den Besitz der verpfändeten Sache vom Schuldner nicht ante diem solutionis, sondern erst wenn pecunia debita non soluta est (*L.* 13. § 4. *D. h. t.*) fordern, d. h. die Hypothek nicht in ein Faustpfand verwandeln und noch weniger die Sache verkaufen kann, so soll er doch in diesem Fall, weil er ein ersichtliches Interesse hat, daß der Miether oder der dritte Besitzer die Pfänder nicht auf Seite bringe, den Besitz vor der Polizeibehörde einklagen können. Daß freilich auch die actio hypothecaria oder das interdictum Salvianum in diesem Fall aus demselben Grunde und zu diesem Zweck gebraucht werden konnte, leidet keinen Zweifel. Der Verkauf der Pfänder aber war noch von der Verpflichtung des Miethers zur Zahlung des Miethgeldes und der Nichtzahlung abhängig, also von dem Eintritt des Termins oder dem Ende des Miethverhältnisses durch den Auszug des Miethers vor demselben *L.* 55. § 2. *D. locati* (19, 2).

§ 1. Ex quibus casibus*) naturalis obligatio consistit, pignus perseverare constitit**).

Mit dem Untergang der Schuld erlischt auch das Pfandrecht, weil es als ein accessorisches Rechtsverhältniß ohne die obligatio, deren Erfüllung es sichern soll, nicht bestehen kann und zwar ohne Unterschied, ob die Schuld ipso iure oder per exceptionem aufgehoben ist *L.* 8. *pr. D. quibus modis pignus vel hypotheca solvitur* (20, 6.). Da aber das Pfandrecht auch für eine nicht klagbare Schuld (obligatio naturalis) möglich ist (*L.* 5. *pr. h. t.*).

ex quibus casibus naturalis obligatio consistit] so ist klar, daß auch in den Fällen, da nur die Klage untergeht, die Schuld als obligatio naturalis fortbesteht, z. B. durch Verjährung der persönlichen Klage *L.* 2. *C. de luitione pignoris* (8, 31) — personali actione submota

pignus perseverare constitit] das Pfandrecht fortdauern, der Pfandgläubiger also durch die actio hypothecaria vom Schuldner den Besitz des Pfandes fordern und durch Verkauf desselben seine Befriedigung erlangen kann. Deshalb konnte Justinian verordnen, daß die persönliche Klage in 30, die actio hypothecaria erst in 40 Jahren verjähren, also 10 Jahre länger als jene dauern soll. *L.* 30. § 1. *C. de praescript. trigint.* (7, 13).

L. XV. Gaius, libro singulari de formula hypothecaria.

Princ. Et quae nondum sunt, futura tamen sunt, hypothecae dari possunt, ut fructus pendentes, partus ancillae, fetus pecorum et ea quae nascuntur sint hypothecae obligata: idque servandum est, sive dominus fundi convenerit

---

*) causis? **) constat?

aut de usu fructu aut de his quae nascuntur, sive is, qui usum fructum habet, sicut Iulianus scribit.

Die Möglichkeit zukünftige Sachen zu verpfänden, bespricht Gaius in seiner leichten, nicht immer logischen und präcisen Manier.

quae nondum sunt] Was noch nicht als für sich bestehende Sache existirt, kann nicht Gegenstand eines dinglichen Rechts, also auch nicht des Pfandrechts sein.

futura tamen sunt] Wohl können körperliche Sachen, deren Entstehung erwartet wird, unter der selbstverständlichen Bedingung ihrer Entstehung im Eigenthum des Schuldners verpfändet werden, und mit dem Eintritt dieser Bedingung entsteht das Pfandrecht *L.* 11. § 3. *D. qui pot.* (20, 4).

ut fructus pendentes] Ein nicht glücklich gewähltes Beispiel! Denn nicht bloß schon entstandene und mit der Hauptsache noch zusammenhängende Früchte werden, weil zur Zeit nur Theile derselben (*L.* 44. *D. de rei vind.* (6, 1), erst durch Separation für sich bestehende Sachen, sind also insofern res futurae und Gegenstand der bedingten Verpfändung, sondern dasselbe gilt auch von den zur Zeit der Verpfändung noch gar nicht erzeugten Früchten. Vgl. *L.* 1. § 2. *D. h. t.*

partus ancillae] Gleichfalls ungenau, insofern nicht ersichtlich ist, ob Gaius die Entstehung des Sklavenkindes als Gegenstand der Verpfändung von der Erzeugung an rechnet, wie es in *L.* 18. § 2. *D. de pig. act.* (13, 7) und *L.* 1. *pr. D. de Salviano interdicto* (43, 33) geschieht oder von der Geburt, wie in *L.* 29. § 1. *D. h. t.*

fetus pecorum et ea quae nascuntur] Unter den Erzeugnissen des Heerdenviehs (fetus pecorum) sind auch die Jungen der Thiere (ea quae nascuntur) begriffen. Diese waren also nicht als ein Zweites zu nennen. Vgl. Gaius in *L.* 28. § 1. *D. de usuris* (22, 1).

sive dominus fundi convenerit] Nur wer Aussicht hat, Eigenthümer der Frucht zu werden, kann sie verpfänden, also zunächst der Eigenthümer der fruchttragenden Sache. *L.* 11.

§ 3. *D. qui pot.* (20, 4) dieser aber, sagt Gaius, noch auf doppelte Weise.

aut de usu fructu] Der Eigenthümer kann den Ususfructus an seiner Sache zum Pfand für seine Schuld constituiren. *L.* 11. § 2. *h. t.* Abgesehen von einem Pactum antichreticum erhält der Gläubiger aber dadurch nicht das Recht, die Früchte sich anzueignen, sondern nur durch ihren Verkauf sich zu befriedigen, also mittelbar ein Pfandrecht an dem Objekt des verpfändeten Rechts, wie bei der verpfändeten Forderung nach *L.* 13. § 2. *h. t.*

aut de his quae nascuntur] Die einfache, unmittelbare Verpfändung der künftigen Früchte.

sive is, qui usum fructum habet] Auch der Usufructuar kann die zukünftigen Früchte unter der Bedingung verpfänden, daß sie sein Eigenthum werden, *L.* 11. §. 3. *h. t.* welches jedoch erst durch ihre Perception, die Apprehension geschieht *L.* 13. *D. quib. mod. usus fr.* (7, 4).

§ 1. Quod dicitur creditorem probare debere, cum conveniebat, rem in bonis debitoris fuisse, ad eam conventionem pertinet, quae specialiter facta est, non ad illam, quae cottidie inseri solet cautionibus, ut specialiter rebus hypothecae nomine datis cetera etiam bona teneantur debitoris, quae nunc habet et quae postea adquisierit, perinde atque si specialiter hae res fuissent obligatae.

Eigenthum des Schuldners zur Zeit der Verpfändung als zu beweisende Bedingung der actio hypothecaria bezeichnet Gaius als eine bekannte Rechtsregel, die aber nicht zutreffe bei der generellen Verpfändung des gesammten gegenwärtigen und zukünftigen Vermögens des Schuldners nehmlich deshalb nicht, weil die zukünftigen Güter unter der stillschweigenden Bedingung ihres Erwerbs verpfändet sind und das Pfandrecht erst mit dem Eintritt dieser Bedingung entsteht, also der Beweis dieses spätern Erwerbs genügt. Zugleich berichtet er, daß schon zu seiner Zeit diese generelle Verpfändung üblich war und zwar als subsidiarische neben der speciellen, und also dem Schuldinstrument eingerückt zu werden pflegte. Man vergleiche die fließende mehr auf die praktische Erfahrung gehende Rede dieses beliebten Rechtslehrers mit Papinian's inhaltreicher Kürze in *L.* 1. *pr. h. t.* die dasselbe sagt.

§ 2. Qui res suas iam obligaverint et alii secundo obligant creditori, ut effugiant periculum, quod solent pati qui saepius easdem res obligant, praedicere solent alii nulli rem obligatam esse quam forte Lucio Titio, ut in id quod excedit priorem obligationem res sit obligata, ut sit pignori hypothecaeve id quod pluris est: aut solidum, cum primo debito liberata res fuerit? de quo videndum est, utrum hoc ita se habeat, si et conveniat, an et si simpliciter convenerit de eo quod excedit ut sit hypothecae? et solida res inesse conventioni videtur, cum a primo creditore fuerit liberata. an adhuc pars? sed illud magis est, quod prius diximus.

Wie ist die mehrmalige Verpfändung derselben Sache anzusehen?

ut effugiant periculum] Der Schuldner, der die frühere Verpfändung der Sache dem zweiten Gläubiger, der jedes Falls dem ersten nachsteht, verschweigt, begeht einen Betrug, der als crimen stellionatus bestraft werden kann *L.* 3. § 1. *D. stellionatus* (47, 20) *L.* 16. § 1. *D. de pign. act.* (13, 7).

praedicere solent] Um dieser Strafe zu entgehen, pflegte der Schuldner bei der zweiten Verpfändung dem Gläubiger ausdrücklich zu erklären, daß bereits eine Hypothek, aber auch nur diese Eine auf der Sache hafte.

ut in id quod excedit priorem obligationem res sit obligata] So daß die Sache dem zweiten Gläubiger nur für das die erste Verpfändung übersteigende, d. h. insoweit haften solle, als sie zur Befriedigung des ersten Gläubigers nicht dient. Dieser gewöhnliche Ausdruck kann aber noch einen doppelten Sinn haben.

ut sit pignori hypothecaeve id quod pluris est] Entweder soll nur der Theil der Sache, um welchen sie mehr werth ist, als die Forderung und Hypothek des ersten Gläubigers beträgt, dem Zweiten haften.

aut solidum, cum primo debito liberata res fuerit] Oder die ganze Sache unter der Bedingung, daß sie durch Befriedigung des ersten Gläubigers von dessen Hypothek befreit sein wird.

de quo videndum est] Und die weitere Frage ist, ob nur dann die ganze Sache für diesen Fall verpfändet ist, wenn es ausdrücklich verabredet wurde, oder ob dieß als die Absicht der Partheien anzunehmen sei, wenn die zweite Verpfändung einfach in id quod excedit gerichtet wurde.

et solida res inesse conventioni videtur] Gaius entscheidet für dieses Letztere, die ausdrückliche Erwähnung des Ganzen ist nicht nothwendig.

an adhuc pars?] Oder ob doch nur der Theil nach Befriedigung des ersten Gläubigers hafte? Für adhuc vergl. *L.* 3. § 9. *D. de in rem verso* (15, 3). Gaius kommt auf die Frage nochmals zurück, um den Gegensatz ganz klar zu machen, bestätigt aber das zuerst Gesagte. Sehr natürlich! Denn die Absicht konnte nur sein, das Recht des zweiten Pfandgläubigers im Interesse des ersten, nicht im Interesse des Schuldners auf einen Theil der Sache zu beschränken. Auch bei dieser Absicht der zweiten Verpfändung, als einer bedingten, ist die spätere Jurisprudenz nicht stehen geblieben, sondern hat im Interesse des zweiten Gläubigers die sofortige Entstehung seines Pfandrechts, aber als eines schwächern angenommen, wodurch auch das Interesse des ersten vollkommen gewahrt ist. *L.* 12. *pr.* § 7. *D. qui pot.* (20, 4).

L. XVI. Marcianus, libro singulari ad formulam hypothecariam.

Princ. Si fundus hypothecae datus sit, deinde alluvione maior factus est, totus obligabitur.

Was einem Grundstück durch Alluvion zuwächst, ist bleibender Theil desselben, haftet also als Theil ipso jure dem Pfandrecht am Ganzen *L.* 18. § 1. *D. de pign. act.* (13, 7).

§ 1. Si nesciente domino res eius hypothecae data sit, deinde postea dominus ratum habuerit, dicendum est hoc ipsum*), quod ratum habet, voluisse eum retro recurrere ratihabitionem ad illud tempus, quo convenit. voluntas autem fere eorum demum servabitur, qui et pignori dare possunt.

Eine fremde Sache kann mit dem Willen des Eigenthümers gültig verpfändet werden, denn dieser verpfändet damit eigentlich seine Sache für die fremde Schuld. *L.* 5. § 2. *h. t.* Ebenso wird die ursprünglich ungültige Verpfändung der fremden Sache gültig durch die nachherige Einwilligung des Eigenthümers und zwar wird Ratihabition hier wie sonst (*L.* 56. *D. de iudiciis* (5, 1) zurückbezogen auf den Zeitpunkt der Verpfändung *L.* 20. *pr. D. de pign. act.* (13, 7). Vorausgesetzt natürlich, daß er dazu die nöthige Handlungsfähigkeit. habe, namentlich veräußern und intercediren könne. *L.* 8. *pr. D. ad S. C. Vell.* (16, 1).

§ 2. Si res hypothecae data postea mutata fuerit, aeque hypothecaria actio competit, veluti de domo data hypothecae et horto facta: item si de loco convenit et domus facta sit: item de loco dato, deinde vineis in eo positis.

Durch den Untergang der Sache erlischt das Pfandrecht wie das Eigenthum *L.* 8. *pr. D. quib. modis pignus solvitur* (20, 6). Die Veränderung der Gestalt eines Grundstücks aber, auch wenn sie eine wesentliche Aenderung des Gebrauchs zur Folge hat, macht dasselbe zwar in Bezug auf den Usufructus zu einem andern, gilt also wie die Specification einer beweglichen Sache dem Untergang gleich *L.* 5. § 2. *D. quibus modis usus fr.* (7, 4) nicht aber in Bezug auf Eigenthum und Pfandrecht, bei dem nur der abstracte Geldwerth der Sache in Betracht kommt. *L.* 29. § 2. *h. t.*

---

*) Mommsen: ipso?

§ 3. In vindicatione pignoris quaeritur, an rem, de qua actum est, possideat is cum quo actum est. nam si non possideat, nec dolo fecerit quo minus possideat, absolvi debet: si vero possideat et aut pecuniam solvat aut rem restituat, aeque absolvendus est: si vero neutrum horum faciat, condemnatio sequetur. sed si velit restituere nec possit (forte quod res abest et longe est, vel in provinciis) solet cautionibus res explicari: nam, si caveret se restituturum, absolvitur. sin vero dolo quidem desiit possidere, summa autem ope nisus non possit rem ipsam restituere, tanti condemnabitur, quanti actor in litem iuraverit, sicut in ceteris in rem actionibus: nam si tanti condemnatus esset, quantum deberetur, quid proderat in rem actio, cum et in personam agendo idem consequeretur.

Das Officium Judicis bei der actio hypothecaria wesentlich nach Analogie der Rei Vindicatio und den Prozeßgrundsätzen der actiones arbitrariae bestimmt § 31. *J. de act.* (4, 6).

in vindicatione pignoris] Die actio hypothecaria als in rem actio ist eine vindicatio (*Gai.* IV. § 5) nur nicht ipsius rei oder dominii (*L.* 16. § 5. *h. t.*), sondern pignoris, der Sache als Pfand.

quaeritur, an rem possideat — is cum quo actum est] Als in rem actio geht sie gegen jeden dritten Besitzer, auch gegen den Schuldner nur als solchen, und diesen Fall setzt Marcian voraus, wie insbesondere der Schluß der Stelle beweist. Die erste vom Judex zu untersuchende Frage ist also, ob der Beklagte besitzt. Vgl. *L.* 9. *D. de rei vind.* (6, 1). Officium autem iudicis in hac actione in hoc erit, ut iudex inspiciat, an reus possideat. Der Prätor befaßte sich also auch mit dieser Untersuchung nicht, sondern ertheilte, auch wenn der Beklagte den Besitz ableugnete, dem Kläger die Formula und ordnete das Judicium an. Daher heißt es hier rem de qua actum est und is, cum quo actum est *sc.* apud Praetorem.

nam si non possideat, nec dolo fecerit quo minus possideat, absolvi debet] Wenn der Beklagte den Besitz ableugnet, so muß der Kläger als Bedingung seines Klagrechts beweisen, daß Jener dennoch besitze, oder daß er dolo malo sich des Besitzes entschlagen habe, weshalb er nach Analogie der Rei Vindicatio als fictus possessor haftet. *L.* 36. *pr. L.* 27. § 3. *L.* 22. *D. de rei vind.* (6, 1) *L.* 131. *D. de reg. iuris* (50, 17). Kann er weder das Eine noch das Andre beweisen, so wird der Beklagte absolvirt.

si vero possideat et aut pecuniam solvat aut rem restituat, aeque adsolvendus est] Wenn der Beklagte besitzt und das Recht des Klägers durch Geständniß oder Beweis feststeht, so erfolgt nach dem Prozeßgang der actio arbitraria nicht sofort die Condemnation, sondern der Beklagte kann diese durch Befriedigung des Klägers abwenden. Bei der actio hypothecaria zunächst durch Zahlung der Schuld, zu der auch der dritte Besitzer berechtigt ist. *L.* 12. § 1. *D. quib. mod. pignus* (20, 6). Denn damit ist die Bedingung der actio hypothecaria: eam pecuniam neque solutam neque eo nomine satisfactum esse (Vergl. *L.* 13. § 4. *h. t.*) und das Pfandrecht selbst aufgehoben, der Beklagte also zu absolviren. Wenn der Beklagte sich dieses Rechtes nicht bedient, so muß er die Sache restituiren und dieß wird ihm durch das Arbitrium Judicis auferlegt §. 31. *Inst. cit.* Leistet er Folge, so wird er gleichfalls im Endurtheil absolvirt.

si vero neutrum horum faciat, condemnatio sequetur] Wenn er weder zahlt, noch dem Restitutionsbefehl des Judex Folge leistet, so wird dieser letztere wie Marcian bezeugt, nicht exequirt, sondern es erfolgt eine Geldcondemnation. Daß diese im Fall seiner contumacia durch den Eid des Klägers (ius iurandum in litem) bestimmt wird (*L.* 1. *L.* 2. *D. de in lit. iurando* 12, 3.), hat Marcian ohne Zweifel auch gesagt und ist von den Compilatoren gestrichen worden, weil zu ihrer Zeit die Restitution erzwungen wurde. Vgl. die in dieser Beziehung interpolirte *L.* 68. *D. de rei vind.* (6, 1). Ulpian, der Zeitgenosse Marcian's, kann so nicht geschrieben haben.

sed si velit restituere nec possit, forte quod res abest] Ist der Beklagte zur Restitution bereit, diese aber kann wegen Entfernung der Sache nicht sofort erfolgen, so legt der Judex ihm eine Caution auf, daß er die Sache herbeischaffen und dann restituiren wolle, und wenn er diese leistet, wird er gleichfalls absolvirt. Vgl. *L.* 11. *L.* 27. § 4. *D. de rei vind.* (6, 1).

sin vero dolo quidem desiit possidere] Der Beklagte hat in böser Absicht, nehmlich eben um dem Kläger die Sache zu entziehen, oder während des Prozesses den Besitz aufgegeben, die Sache auf Seite geschafft u. s. w., so haftet er zur Strafe seines Dolus als wenn er besäße *L.* 36. *L.* 27. § 3. *cit.*

summa autem ope nisus non possit rem ipsam restituere] Doch kann er noch jetzt die Sache wieder herbeischaffen und restituiren und dadurch der Condemnation entgehen, und nicht nur die Strafe seines Dolus, sondern auch dieß ist der Zweck der ihm drohenden höhern Condemnation.

tanti condemnabitur, quanti actor in litem iuraverit] Dem Kläger wird dann vom Judex erlaubt sein Interesse zu beschwören, wonach es höher zu stehen kommt, als wenn er es beweisen müßte und der Richter es ermäßigen könnte *L.* 1. *D. de in litem iurando* (12, 3) — ultra rei pretium.

sicut in ceteris in rem actionibus] *L.* 5. *pr. D. de in litem iurando* (12, 3).

nam si tanti condemnatus esset, quantum deberetur, quid proderat in rem actio] Der Hauptvortheil der actio hypothecaria als in rem actio besteht darin, daß der Gläubiger die Sache vom Dritten fordern und zu seiner Befriedigung verkaufen kann, während der Schuldner vielleicht insolvent ist, er also mit der persönlichen Klage seine Befriedigung nicht erhalten würde. Wenn Marcian diesen Vortheil der in rem actio außer Betracht läßt, so ist klar, daß er die Anstellung der actio hypothecaria gegen den Schuldner als Besitzer des Pfandes voraussetzte.

cum et in personam agendo idem consequeretur] Von diesem würde er den Betrag seiner Forderung auch durch die persönliche Klage erhalten; die in rem actio gewährt ihm aber den Vortheil, daß er zur Strafe des Dolus des Schuldners mehr, nehmlich so viel, als er sein Interesse eidlich bestimmt, erhält.

§ 4. Interdum etiam de fructibus arbitrari debet iudex, ut ex quo lis inchoata sit, ex eo tempore etiam fructibus condemnet. quid enim si minoris sit praedium, quam debetur? nam de antecedentibus fructibus nihil potest pronuntiare, nisi exstent et res non sufficit.

Das Officium Judicis in Betreff der Früchte.

interdum] Also nicht immer, wenn das Pfand Früchte trägt, sondern unter bestimmten juristischen Bedingungen.

etiam de fructibus arbitrari] Nicht bloß bei dem Restitutionsbefehl, dem Arbitrium im formellen Sinne, sondern auch bei der Condemnation zum Interesse soll der Judex die Verpflichtung des Beklagten rücksichtlich der Früchte vermöge seines liberum officium bei der actio arbitraria bestimmen. § 31. *J. de act.* (4, 6) — permittitur iudici ex bono et aequo secundum cuiusque rei de qua actum est, naturam aestimare, quemadmodum actori satisfieri oporteat. Schon hieraus ergibt sich, daß Marcian nicht von verpfändeten, sondern auch von nicht verpfändeten, also nach strengem Recht nicht verhafteten Früchten handelt und zwar bei Gelegenheit der Klage auf die Hauptsache; daher: etiam de fructibus.

ut ex quo lis inchoata sit, ex eo tempore etiam fructibus condemnet] Nach dem ganz allgemeinen Grundsatz, daß der Kläger durch das Endurtheil erhalten muß, was er haben würde, wenn der Beklagte den Prozeß gleich Anfangs durch seine Befriedigung abgewandt hätte, daß also der Kläger durch die Dauer des Prozesses keinerlei Nachtheil erleiden soll (*L.* 20. *D. de rei vind. L.* 6, 1) *L.* 31. *pr. D. de reb. cred.* (12, 1). *L.* 75. *L.* 246. § 1. *D. de verb. sign.* (50, 16), mußten dem Pfandgläubiger vom Schuldner und von jedem dritten Besitzer die nach der Litiscontestation separirten und noch vorhandenen oder consumirten, ja Ersatz für die Früchte, die der Schuldner hätte ziehen können und sollen (fructus percipiendi) durch die Condemnation verschafft werden.

quid enim si minoris sit praedium, quam debetur] Wenn die verpfändete Sache weniger werth ist als die Schuld beträgt, so hat der Kläger ein Interesse auch die Früchte in Anspruch zu nehmen; durch die frühere Herausgabe der Sache wäre ihm auch der Verkauf früher, also mit den Früchten möglich gewesen und der also durch den Prozeß ihm entgangene Vortheil muß ihm ersetzt werden. Denn auch bei der Klage gegen den drittten Besitzer beträgt das Interesse des Gläubigers wenigstens so viel als die Schuld. Vgl. *L.* 21. *D. h. t.*

nam de antecedentibus fructibus nihil potest pronuntiare] Wegen der vor Anfang des Prozesses gezogenen oder zu ziehenden Früchte kann er in seinem Urtheil, Arbitrium und Condemnation, nichts aussprechen, d. h. dem Beklagten nichts auflegen, Einen Fall ausgenommen.

nisi exstent et res non sufficit] Also die vor der Litiscontestation separirten Früchte, auch wenn sie ursprünglich nicht verpfändet oder, weil beim dritten Besitzer entstanden, vom Pfandrecht nicht ergriffen sind, (*L.* 1. § 2. *h. t.* — qui nunquam debitoris fuerunt), sollen dem Kläger mit der actio hypothecaria officio iudicis herausgegeben werden, in sofern sie vorhanden sind und die Sache zur Befriedigung des Gläubigers nicht zureicht. Da das dingliche Recht diese Forderung nicht begründet, so liegt offenbar ein obligatorischer Grund der Aequitas, den der Judex bei der actio arbitraria berücksichtigen muß, vor und zwar ein ähnlicher, wie rücksichtlich der nach der Litiscontestation gezogenen Früchte, daher Marcian diesen Grundsatz vorausschickte. Sobald nehmlich die Schuld fällig ist, hat der Gläubiger den Anspruch auf den Besitz des Pfandes, der Schuldner oder der dritte Besitzer selbst in gutem Glauben also kein Recht mehr auf denselben, kein Recht auf die

Früchte, und insofern die Sache zur Befriedigung des Gläubigers nicht zureicht, dieser also einen Verlust erleiden würde, ist es billig, daß dieser durch die Früchte gedeckt wird, aber nur durch fructus exstantes. Denn weder der Schuldner noch der dritte rechtmäßige Besitzer war verpflichtet die früher gezogenen Früchte aufzuspeichern, er konnte sie bona fide consumiren, während der malae fidei possessor oder praedo, was Marcian in seiner Voraussetzung der Klage gegen den Schuldner allerdings nicht erwähnt, sie gewiß ersetzen mußte. Vgl. *L.* 1. § 2. *D. h. t.*

§ 5. Creditor hypothecam sibi per sententiam adiucatam quemadmodum habiturus sit, quaeritur: nam dominium eius vindicare non potest. sed hypothecaria agere potest, et si exceptio obicietur a possessore rei iudicatae, replicet „si secundum me iudicatum non est."

Wirkung der Pronuntiatio bei der actio hypothecaria.

hypothecam sibi per sententiam adiudicatam] Bei allen in rem actiones wurde, wenn der Kläger sein Recht bewiesen, dieses vom Judex durch ein Urtheil (pronuntiatio, sententia) anerkannt, welchem das arbitrium de restituendo und die Condemnation oder Absolution folgte *L.* 9. *L.* 35. § 1. *D. de rei vind.* (6, 1) *L.* 40. § 2. *D. de procur.* (3, 3). So also wird auch bei der actio hypthecaria dem Gläubiger die Hypothek durch ein Urtheil zugesprochen. Vgl. *L.* 12. *pr. D. qui pot.* (20, 4) — adiudicari ei poterit hypotheca.

quemadmodum habiturus sit, quaeritur] Die Frage setzt voraus, daß dem Gläubiger zwar die Hypothek zugesprochen ist, daß er sie aber nicht besitzt, und geht darauf, aus welchem Rechtstitel und mit welchem Rechtsmittel er den Besitz erlangen könne und zwar, wie die Folge zeigt, von dem Schuldner, der sie besitzt? Von Execution der Pronuntiatio und des arbitrium de restituendo war zu Marcian's Zeit keine Rede. Also ist seine Voraussetzung ferner, daß der Gläubiger, nachdem sein Pfandrecht in dem ersten Prozeß anerkannt worden, den Besitz vom Schuldner zu fordern veranlaßt sei. Marcian's Frage setzt nur diese Möglichkeit voraus, bestimmt aber den Fall nicht, der noch in verschiedener Weise gedacht werden kann, z. B. wie in *L.* 9. § 1. *D. de exc. rei iud.* (44, 2), wo dem Kläger das Eigenthum zugesprochen worden, der Beklagte aber im Endurtheil absolvirt werden mußte, weil es sich jetzt erst zeigte, daß der Beklagte sich irrthümlich für den Besitzer des streitigen Grundstücks gehalten hatte, oder in unserm Fall, daß das Pfand dem Gläubiger restituirt, der Beklagte also absolvirt worden und nachher wieder in den Besitz gekommen, oder er ist condemnirt, der Gläubiger aber zieht das Pfand vor, weil der Schuldner insolvent ist, oder wie im folgenden § 6 u. s. w.

nam dominium eius vindicare non potest] Da ihm nur das Pfandrecht zugesprochen ist, so kann er die Sache natürlich nicht als sein Eigenthum vindiciren. Vielleicht im Gegensatz der Fiducia.

sed hypothecaria agere potest] Der Gläubiger kann die actio hypothecaria zum zweitenmal anstellen.

et si exceptio obicietur a possessore rei iudicatae] Der Beklagte kann sich zwar dagegen auf den Grundsatz berufen: bis de eadem re agere non licet, die Consumtion des Klagerechts durch die exceptio rei iudicatae vel in iudicium deductae geltend machen. Aber:

replicet „si secundum me iudicatum non est"] Der Gläubiger kann sich gegen dieß rein formale Princip auf den Inhalt des frühern Urtheils berufen, durch welches ihm das Pfandrecht zugesprochen wurde. Es ist dieß einer der Fälle, wo die negative und positive Function der exceptio rei iudicatae in Conflict gerathen und die letztere den Vorzug hat. Ebenso in *L.* 9. § 1. *cit.* Denn *L.* 16. *D. de exc. rei iud.* (44, 2) — evidenter iniquissimum est, proficere rei iudicatae exceptionem ei, contra quem iudicatum est.

§ 6. Si pluris condemnatus sit debitor non restituendo pignus, quam computatio sortis et usurarum faciebat, an, si tantum solverit, quantum debebat, exoneretur hypotheca?

quod ego quantum quidem ad suptilitatem legis et auctoritatem sententiae non probo: semel enim causa transire videtur ad condemnationem et inde pecunia deberi: sed humanius est non amplius eum, quam quod re vera debet, dando hypothecam liberare.

Zahlung der Schuld vor oder nach der Condemnation mit der actio hypothecaria.

si pluris condemnatus sit debitor] Bei der Pfandklage gegen den Schuldner beträgt die litis aestimatio regelmäßig nur so viel als die Schuld an Kapital und Zinsen. *L.* 21. § 3. *h. t.* Eine höhere Condemnation ist jedoch möglich durch das ius iurandum in litem des Klägers im Fall der Contumacia oder des Dolus *L.* 16. § 3. *h. t.*

an, si tantum solverit, quantum debebat, exoneretur hypotheca?] Durch Zahlung der Schuld konnte der Schuldner die Condemnation abwenden, weil das Pfand dadurch liberirt wird. *L.* 16. § 3. *h. t.* Ob aber auch nach seiner Condemnation die Zahlung der Schuld nicht nur das Pfand, sondern ihn selbst von der obligatio iudicati liberirt?

quod ego — non probo] Allerdings nicht nach der Strenge des Rechts und der Rechtskraft des Urtheils, denn in der Condemnation ist eine neue, von der ursprünglichen Schuld und dem Bestand des Pfandrechts unabängige causa debendi gegeben.

sed humanius est] Aber aus Rücksichten der Billigkeit und Menschlichkeit läßt Marcian doch durch Zahlung der ursprünglichen Schuld in diesem letzten Termin dennoch die Liberation nicht nur des Pfandes, sondern, was er stillschweigend annimmt, des Schuldners von der obligatio iudicati zu.

§ 7. Aliena res utiliter potest obligari sub condicione, si debitoris facta fuerit. Vgl. *L.* 1. *pr. h. t. L.* 7. § 1. *D. qui pot.* (20, 4).

§ 8. Si duo pariter de hypotheca paciscantur, in quantum quisque obligatam hypothecam habeat, utrum pro quantitate debiti, an pro partibus dimidiis, quaeritur. et magis est, ut pro quantitate debiti pignus habeant obligatum. sed uterque, si cum possessore agat, quemadmodum? utrum de parte quisque, an de toto, quasi utrique in solidum res obligata sit? quod erit dicendum, si eodem die pignus utrique datum est separatim: sed si simul illi et illi, si hoc actum est, uterque recte in solidum aget, si minus unusquisque pro parte.

Willensinterpretation der gleichzeitigen Verpfändung einer Sache an zwei Gläubiger, ob Jedem die ganze Sache oder nur ein ideeller Theil verpfändet sei? Von dem verschiedenen Recht handelt *L.* 10. *h. t.*

Si duo pariter de hypotheca paciscantur] Wenn zwei Gläubiger in gleicher Weise von ihrem Schuldner sich eine Hypothek bestellen lassen d. h. an derselben Sache und zu gleicher Zeit, also auch zu gleichem Rechte, dann entsteht die Frage:

in quantum quisque obligatam hypothecam habeat] in wie weit die Sache ihm hafte und also zum Behuf seiner Befriedigung verkauft werden könne?

utrum pro quantitate debiti] ob für den Betrag der Schuld nicht ein verhältnißmäßiger Theil, sondern die ganze Sache hafte,

an pro partibus dimidiis] oder Jedem nur ein Theil und da sie gleiches Recht haben, die ideelle Hälfte.

et magis est, ut pro quantitate debiti pignus habeant obligatum] Im Zweifel ist anzunehmen, daß ihnen für den Betrag der Schuld die ganze Sache verpfändet sei, also Jeder durch den Verkauf der Sache seine volle Befriedigung suchen könne, womit auch die folgende Entscheidung Marcian's übereinstimmt.

sed uterque, si cum possessore agat, quemadmodum?] In wie weit aber kann Jeder mit der actio hypothecaria vom Besitzer die Sache einklagen? In Bezug auf den Besitz der Sache muß es sich erst recht entschieden zeigen, ob sie Jedem ganz oder nur zur Hälfte hafte.

utrum de parte quisque, an de toto, quasi utrique in solidum res obligata sit?] Ob also Jeder mit der actio hypothecaria von dem Besitzer nur die Restitution eines Theils oder die ganze Sache verlangen kann.

quod erit dicendum, si eodem die pignus utrique datum est separatim] Die solidarische Verpfändung ist als Absicht der Partheien anzunehmen, wenn dieselbe Sache vom Schuldner Zweien zwar an demselben Tage, also gleichzeitig, aber durch verschiedene Handlungen verpfändet wurde. Dieß ist z. B. auch der Fall rücksichtlich der durch verschiedene Verträge zweier Gläubiger verpfändeten bona futura, an denen am Tage ihres Erwerbes die beiden Pfandrechte entstehen.

sed si simul illi et illi] Wenn durch dieselbe Handlung dem Einen und Andern, also gemeinschaftlich,

si hoc actum est, uterque recte in solidum aget] auch dann kann es die Absicht der Partheien sein, daß Jedem das Ganze verpfändet sein soll, und wenn diese Absicht bewiesen werden kann, so wird Jeder gegen den Besitzer richtig auf das Ganze klagen.

si minus, unusquisque pro parte] Wenn dieß aber nicht bewiesen werden kann, also in der Regel, wird die gemeinschaftliche Verpfändung als eine partielle auszulegen sein.

Den Collisionsfall der beiden Pfandgläubiger unter sich zieht Marcian nicht, wie Ulpian in *L.* 10. *h. t.* in Betracht.

§ 9. Potest ita fieri pignoris datio hypothecaeve, ut, si intra certum tempus non sit soluta pecunia, iure emptoris possideat rem iusto pretio tunc aestimandam: hoc enim casu videtur quodammodo condicionalis esse venditio. et ita Divus Severus et Antoninus rescripserunt.

Lex commissoria als Nebenvertrag der Verpfändung ist die Uebereinkunft, daß wenn der Schuldner zur bestimmten Zeit nicht zahlt, der Gläubiger Eigenthümer werden, also das Pfand ihm verfallen sein soll, nach klassischem Recht gültig als bedingter Verkauf für Kapital und Zinsen als dem schon jetzt bestimmten Kaufpreise *Fr. Vat.* § 9. Erst Constantin erklärte sie für ungültig, wegen der möglichen Bedrückung des Schuldners *L. un. C. Th. de commissoria rescindenda* (3, 2) *L. 3. C. J. de pactis pignorum* (8, 35). Mit Rücksicht hierauf ist der Satz: iusto pretio tunc aestimandam, interpolirt, d. h. der bedingte Verkauf soll gültig sein, wenn der Kaufpreis erst dann nach billiger Abschätzung der Sache durch einen Dritten bestimmt werden soll, wodurch die Bedrückung des Schuldners verhütet wird. Vgl. *Gai.* III. § 140. *L.* 15. *C. de contr. empt.* (4, 38).

L. XVII. Ulpianus, libro quinto decimo ad Edictum.

Pignoris persecutio in rem parit actionem creditori.

Ulpian gebraucht das Wort persecutio hier im weitern materiellen Sinne für die gerichtliche Verfolgung des Pfandes durch eine actio, also nach der formula hypothecaria in einem Judicium; aber obgleich diese in factum concipirt ist, also nur den Pfandvertrag mit dem Schuldner erwähnt, ist sie in rem, d. h. geht gegen jeden dritten Besitzer.

L. XVIII. Paulus, libro nono decimino ad Edictum.

Si ab eo, qui Publiciana uti potuit, quia dominium non habuit, pignori accepi, sic tuetur me per Servianam Praetor, quemadmodum debitorem per Publicianam.

Bedingung einer gültigen Verpfändung, also auch der Pfandklage ist, daß die Sache zur Zeit der Verpfändung in bonis debitoris war *L.* 15. § 1. *h. t.* Unter dem Ausdruck in bonis begreift der Prätor aber nicht bloß das bonitarische, sondern auch das prätorische Eigenthum, d. h. die bonae fidei possessio, den Usucapions-Besitz, *L.* 49. *D. de verb. sign.* (50, 16) und schützt den Pfandgläubiger durch die actio Serviana (utilis) wie den Schuldner und Verpfänder durch die Publiciana vergl. *L.* 21. § 1. *h. t. L.* 29. *D. de pign. act.* (13, 7) also auch mit derselben Einschränkung, daß der wahre Eigenthümer ihm die exceptio dominii entgegensetzen kann. *L.* 1, *pr. L.* 16. *L.* 17. *D. de Publ. in rem. act.* (6, 2) Der Ausdruck: Publiciana uti potuit, quia dominium non habuit, ist nicht präcis; die Meinung ist: der nur die Publiciana, nicht die civile Rei Vindicatio gebrauchen konnte, weil er nur bonae fidei possessio, nicht dominium hatte, denn auch der wahre Eigenthümer kann ja diese Klage gebrauchen, wenn er das Recht seines Auctors nicht beweisen will.

L. XIX. Ulpianus, libro vicesimo primo ad Edictum.

Qui pignori plures res accepit, non cogitur unam liberare nisi accepto universo quantum debetur.

Das Pfandrecht auch an mehreren Sachen erlöscht nur durch Zahlung der ganzen Schuld, durch Theilzahlung so wenig an den einzelnen Sachen als an verhältnißmäßigen Theilen Einer verpfändeten Sache *L.* 6. *C. de distr. pign.* (8. 28) *L.* 2. *C. debit. vend. pign.* (8, 29).

L. XX. Idem, libro sexagesimo tertio ad Edictum.

Cum convenit, ut is, qui ad refectionem aedificii credidit, de pensionibus iure pignoris ipse creditum recipiat, etiam actiones utiles adversus inquilinos accipiet cautionis exemplo, quam debitor creditori pignori dedit.

Die Verpfändung einer Forderung, die durch Uebergabe des Schuldinstruments (cautio) zu geschehen pflegte, gibt dem Pfandgläubiger, gleich dem Käufer und Cessionar einer Forderung (*L.* 7. *L.* 8. *C. de hered. vel act. vend.* 4, 39) eine actio utilis gegen den Schuldner seines Schuldners. *L.* 13. § 2. *h. t. L.* 8. *pr. D. de pign. act.* (13, 7). *L.* 4. *C. quae res pignori* (8, 17) *L.* 7. *C. de hered. vel act. vend.* (4, 39). Wenn also der Eigenthümer und Vermiether eines Hauses dem Gläubiger, der ihm zur Herstellung desselben Geld geliehen, das Recht eingeräumt hat, sich aus den fällig werdenden Miethgeldern bezahlt zu machen, so hat er damit seine Forderungen gegen die Miether verpfändet und der Gläubiger wird direct gegen diese actiones utiles anstellen können.

L. XXI. Idem, libro septuagesimo tertio ad Edictum.

Princ. Si inter colonum et procuratorem meum convenerit de pignore, vel ratam habente me conventionem, vel mandante, quasi inter me et colonum meum convenisse videatur.

Die Verpfändung als unförmliche Handlung läßt Repräsentation durch einen Bevollmächtigten zu *L.* 2. *C. per quas personas* (4, 27). Unter procurator ist hier, wie sonst häufig, ein Generalbevollmächtigter zu verstehen *L.* 1. *pr.* § 1. *D. de procur.* (3, 3), dessen Verpfändung daher nur dann gültig ist, wenn sie ratihabirt wird, oder wenn er auch dazu für bevollmächtigt gelten kann.

§ 1. Si debitor servum, quem a non domino bona fide emerat et pignoravit, teneat, Servianae locus est et, si adversus eum agat creditor, doli replicatione exceptionem elidet: et ita Iulianus ait, et habet rationem.

Servianae locus est] Vgl. *L.* 18. *h. t.*

et si adversus eum agat creditor] Der Schuldner ist jedes Falls, wenngleich die Verpfändung der fremden Sache ungültig war, an die eigne Handlung gebunden.

doli replicatione exceptionem elidet] Daher der Gläubiger, wenn er besäße, dem Schuldner die exceptio doli entgegensetzen könnte, die für ihn als Kläger eine replicatio wird *L.* 10. *C. de except.* (8, 36), durch welche er die exceptio dominii des Schuldners, der durch Vollendung der Usucapion nach Einem Jahr Eigenthümer geworden, zurückweisen kann. Doch wird ihm, auch wenn der Schuldner nicht Eigenthümer geworden, auf Grund dieser replicatio doli eine actio utilis gegen denselben gegeben *L.* 1. *pr.* *L.* 22. *h. t.*

§ 2. Quidquid pignori commodi sive incommodi fortuito accessit, id ad debitorem pertinet.

Nach den Grundsätzen des contractus pigneraticius trifft zufälliger Vortheil oder Schaden des Faustpfandes den Schuldner, denn der Gläubiger hat, abgesehen von der Antichrese, kein Recht auf Früchte und andern Gewinn, muß diesen also bei Rückgabe der Sache mit herausgeben oder auf die Schuld aufrechnen (*L.* 9. § 4. *L.* 22. § 2. *D. de pign. act.* 13, 7) und gibt nur für die durch seinen Dolus oder seine Culpa verursachte Verschlechterung der Sache Ersatz *L.* 13. § 1. *L.* 14. *D. eod.* (13, 7). Dieselben Grundsätze gelten auch für die

Hypothek, insofern der Gläubiger Gewinn von der Sache gehabt oder Schaden verschuldet hat. *L.* 4. *C. de pign. act.* (4, 24) vgl. § 3.

§ 3. Si res pignorata non restituatur, lis adversus possessorem erit aestimanda, sed utique aliter adversus ipsum debitorem, aliter adversus quemvis possessorem: nam adversus debitorem non pluris, quam quanti debet, quia non pluris interest, adversus ceteros possessores etiam pluris, et quod amplius debito consecutus creditor fuerit, restituere debet debitori pigneraticia actione.

Bei der actio hypothecaria wird der Beklagte, der die Sache nicht restituirt, zum Interesse condemnirt. Dieß beträgt, wenn der Schuldner als Besitzer beklagt ist, abgesehen von dessen Dolus und Contumacia (vgl. *L.* 16. § 3. *h. t.*) nach Schätzung des Richters (litis aestimatio) nicht mehr als die Schuld, weil sein Interesse nur so viel beträgt; bei der Klage gegen den dritten Besitzer den vollen Eigenthumswerth der Sache, und den die Schuld übersteigenden Betrag muß der Gläubiger, wie beim Verkauf der Pfänder, dem Schuldner als einen von der Sache gezogenen Gewinn vermöge der actio pigneraticia herauszahlen, und eben weil er als Stellvertreter des Schuldners dies Plus demselben herauszahlen muß, beträgt sein Interesse so viel. Daß der dritte Besitzer als Käufer vom Schuldner diesen zur Evictionsleistung anhalten kann, kommt hier nicht in Betracht, es ist eine res inter alios acta.

L. XXII. Modestinus, libro septimo Differentiarum.

Si Titio, qui rem meam ignorante me creditori suo pignori obligaverit, heres exstitero, ex postfacto pignus directo quidem non convalescit, sed utilis pigneraticia dabitur creditori.

Die ungültige Verpfändung einer fremden Sache convalescirt dadurch, daß der Eigenthümer Erbe des Verpfänders wird, zwar nicht in Bezug auf das dingliche Recht und die actio hypothecaria directa; da aber der Erbe die Handlung seines Erblassers anerkennen muß, so wird dem Gläubiger, der als Besitzers die exceptio doli gegen ihn hätte, auf Grund der replicatio doli die actio hypothecaria utilis gegen ihn gegeben. Vgl. *L.* 41. *D. de pign. act.* (13, 7).

L. XXIII. Idem, libro tertio Regularum.

Princ. Creditor praedia sibi obligata ex causa pignoris locare recte poterit.

Zum Faustpfand gegebene Grundstücke kann der Gläubiger verpachten im Fall der Antichrese, was hinzu zu denken ist. *L.* 11. § 1. *h. t.*

§ 1. Pignoris obligatio etiam inter absentes recte ex contractu obligatur*).

Die Verpfändung, weil ein formloser Vertrag, kann auch unter Anwesenden durch Briefe oder Boten geschlossen werden. *L.* 4. *h. t.*

L. XXIV. Idem, libro quinto Regularum.

In quorum finibus emere quis prohibetur, pignus accipere non prohibetur.

Allen Provinzialbeamten war, um Mißbrauch ihrer Gewalt zu verhüten, der Ankauf von Grundstücken innerhalb der Provinz verboten *L.* 62. *pr. D. de contr. empt.* (18, 1). Auf den Erwerb einer Hypothek konnte dieß Verbot weder nach seinem Buchstaben noch der ratio legis bezogen werden.

L. XXV. Idem, libro octavo Regularum.

Cum vitiose vel inutiliter contractus pignoris intercedat, retentioni locus non est, nec si bona creditoris ad fiscum pertineant.

Eine ungültige Verpfändung gibt dem Gläubiger weder die Klage noch ein Retentionsrecht, und wenn das ganze Vermögen des Gläubigers dem Fiscus zufällt, kann dieser sein gesetzliches Pfandrecht an dem Vermögen derer, mit denen er contrahirt hat, (*L.* 2. *C. in quibus causis pignus tacite* (8, 16) *L.* 3. *C. de privil. fisci* (7, 73) *Fr. de iure fisci* § 5) in diesem Fall nicht geltend machen.

---

*) recte contrahitur?

L. XXVI. Idem, libro quarto Responsorum.

Princ. Fideiussor impetravit a potestate, ut et ante quam solveret, pignora ipse possideat, quasi satisfacturus creditoribus, nec satisfecit: modo heres debitoris paratus est solvere creditoribus: quaero, an pignora fideiussor restituere cogendus sit? Modestinus respondit, cogendum esse.

Der Bürge hat das Recht vom Gläubiger gegen Zahlung der Schuld, wie überhaupt die Abtretung seiner Rechte gegen den Schuldner (s. g. beneficium cedendum actiones) so insbesondere seines Pfandrechts zu verlangen *L.* 2. *C. de fideiuss.* (8. 41) und schon gegen das Anerbieten der Zahlung (offerre) kann der Besitz des Pfandes ihm durch den Richter eingeräumt werden, vgl. *L.* 11. § 4. *D. qui pot.* (20, 4), damit er sicher zahlen könne. Erst durch die wirkliche Zahlung aber erwirbt er das Pfandrecht, daher, wenn sie nicht erfolgt, der Schuldner oder sein Erbe durch Zahlung der Schuld das Pfand noch lösen und von dem Bürgen zurückfordern kann.

§ 1. Pater Seio emancipato filio facile persuasit, ut, quia mutuam quantitatem acciperet a Septicio creditore, chirographum perscriberet sua manu filius eius, quod ipse impeditus esset scribere, sub commemoratione domus ad filium pertinentis pignori dandae: quaerebatur, an Seius inter cetera bona etiam hanc domum iure optimo possidere possit, cum patris se hereditate abstinuerit, nec metuiri ex hoc solo, quod mandante patre manu sua perscripsit instrumentum chirographi, cum neque consensum suum accommodaverat patri aut signo suo, aut alia scriptura? Modestinus respondit: cum sua manu pignori domum suam futuram Seius scripserat, consensum ei obligationi dedisse manifestum est.

Rechtsfall: Ein emancipirter Sohn hat auf den Wunsch des Vaters das Schuldinstrument über ein von diesem aufgenommenes Darlehn, worin ein dem Sohne eigenthümlich gehöriges Haus zum Pfand gesetzt wurde, mit seiner Hand niedergeschrieben. Die Frage war: ob der Sohn nach dem Tode des Vaters, dessen Erbschaft er ausgeschlagen, also nicht als Erbe die Verpfändung anerkennen mußte, das Haus als freies Eigenthum (optimo iure) besitzen könne, da er seine Einwilligung zu dessen Verpfändung weder mündlich noch schriftlich, noch auch durch Aufdrückung seines Siegels zur Urschrift der Urkunde (signo suo) erklärt hatte? Modestin respondirte, daß, weil er die Verpfändungsurkunde mit eigner Hand niedergeschrieben, also die Verpfändung gekannt und zu derselben, wenn auch nur äußerlich ohne Widerspruch mitgewirkt habe, sein Consens anzunehmen, die Hypothek also gültig sei. Denn die Verpfändung einer fremden Sache ist nur insofern ungültig, als der Eigenthümer nicht irgendwie eingewilligt oder Erbe des Verpfänders geworden.

§ 2. Lucius Titius praedia et mancipia, quae in praediis erant, obligavit: heredes eius praediis inter se divisis illis mancipiis defunctis alia substituerunt: creditor postea praedia cum mancipiis distraxit. quaeritur, an ipsa mancipia, quae sunt modo in praediis constituta, hoc est in hypothecis, emptor vindicare recte possit? Modestinus respondit, si neque pignorata sunt ipsa mancipia, neque ex pignoratis ancillis nata, minime creditoribus obligata esse.

Rechtsfall: Ein Schuldner verpfändet ihm eigenthümlich gehörige ländliche Grundstücke und die darauf befindlichen, ohne Zweifel zur Bewirthschaftung nöthigen Sklaven. Nach seinem Tode theilen seine Erben das Grundstück unter sich und, da jene Sklaven verstorben sind, ersetzen sie dieselben durch andere. Nun verkauft der Pfandgläubiger in Ausübung seines Pfandrechts die Grundstücke mit den jetzt darauf befindlichen Sklaven. Die Frage war: ob der Käufer die gekauften und ihm tradirten Sklaven mit Recht vindiciren könne? Modestin respondirte: die erst von dem Erben in die Grundstücke gebrachten Sklaven, die also weder von dem Erblasser verpfändet noch Kinder der von ihm verpfändeten Sklavinnen sind, seien nicht Gegenstand des Pfandrechts gewesen, also von dem Gläubiger ungültig verkauft und deshalb nicht Eigenthum des

Käufers geworden. — Modestin bezieht also die Verpfändung nicht, wie etwa die Verpfändung einer Heerde, auf die (universitas rerum) Gesammtheit der zum Wirthschaftsinventar gehörigen Sklaven, also auch nicht auf die den verstorbenen Sklaven substituirten, sondern auf die Einzelnen, die Eigenthum des Erblassers und mithin verpfändet waren und die Kinder der Sklavinnen, die im Eigenthum der Erben geboren waren, also auch nach *L.* 29. § 1. *D. h. t.* dem Pfandrecht haften.

L. XXVII. Marcellus, libro quinto Digestorum.

Servum, quem quis pignori dederat, ex levissima offensa vinxit, mox solvit, et quia debito non satisfaciebat, creditor minoris servum vendidit: an aliqua actio creditori in debitorem constituenda sit, quia crediti ipsius actio non sufficit ad id, quod deest persequendum? quid, si eum interfecisset aut eluscasset? ubi quidem interfecisset, ad exhibendum tenetur: ubi autem eluscasset, quasi damni iniuriae dabimus actionem ad quantum interest, quod debilitando aut vinciendo persecutionem pignoris exinanierit. fingamus nullam crediti nomine actionem esse, quia forte causa ceciderat: non existimo indignam rem animadversione et auxilio Praetoris. Ulpianus notat: si, ut creditori noceret,' vinxit, tenebitur, si merentem, non tenebitur.

Rechtsmittel des Pfandgläubigers, wenn der Schuldner die verpfändete Sache verschlechtert.

ex levissima offensa vinxit, mox solvit] Der Schuldner besitzt den verpfändeten Sklaven und vermöge seines Rechtes kann er ihn wegen grober oder kleiner Vergehen züchtigen, insbesondere fesseln.

creditor minoris servum vendidit] Der Sklave, der einmal gefesselt worden, ist weniger werth *L.* 48. § 4. *D. de Aed. edicto* (21. 1). Der Pfandgläubiger hat ihn deshalb für weniger als die Schuld betrug verkauft.

quia crediti ipsius actio non sufficit] Könnte der Gläubiger mit der persönlichen Klage den Ausfall vom Schuldner erhalten, so hätte er keinen Schaden. Wie aber, wenn diese Klage nicht ausreicht, ist ihm eine Schadensklage zu geben? Wie wenn der Schuldner den Sklaven getödtet oder einäugig gemacht hätte?

ubi quidem interfecisset, ad exhibendum tenetur] Wegen Tödtung haftet der Schuldner der actio ad exhibendum, die zur Vertretung jeder in rem actio und gegen den Besitzer qui dolo desiit possidere auf das vom Kläger beschworene Interesse geht. *L.* 9. § 2—4. *D. ad exhib.* (10. 4).

ubi autem eluscasset, quasi damni iniuriae dabimus actionem] Die actio legis Aquiliae stand eigentlich nur dem Eigenthümer der beschädigten Sache zu. Als actio utilis wurde sie auch dem Usufructuar (*L.* 11. § 10. *D. ad Leg. Aquil.* 9, 2) und dem Pfandgläubiger gegeben (*L.* 30. § 1. *D. eod.*) daher hier quasi damni iniuriae actionem.

ad quantum interest, quod debilitando aut vinciendo persecutionem pignoris exinanierit] Die Schadensklage geht auf so viel, als der verpfändete Sklave entwerthet, also der Pfandgläubiger bei seinem Verkauf einen Ausfall an seiner Forderung erlitten hat; debilitando, Verstümmelung, geht auf eluscasset, vinciendo auf den vorliegenden Fall, wo ohne körperliche Verletzung (damnum corpori datum) doch der Sklave moralisch entwerthet ist, so daß auch in dieser Beziehung die actio utilis anwendbar ist. § 16. *J. de lege Aquilia* (4, 3).

fingamus nullam crediti nomine actionem esse, quia forte causa ceciderat] Bedingung des Schadens, also auch der Schadensklage ist, daß der Pfandgläubiger den Ausfall bei Verkauf des Pfandes nicht durch die persönliche Klage gegen den Schuldner decken kann. Faktisch unmöglich ist dieß neben Fortbestand des Pfandrechts, wenn der Schuldner insolvent ist, rechtlich, wenn nur die persönliche Klage aufgehoben ist, die Schuld also nur nicht klagbar (obligatio naturalis) und deshalb das Pfandrecht besteht. Letzteres z. B. durch Verjährung oder wenn die persönliche Klage durch Litiscontestation consumirt ist *L.* 60. *pr. D. de cond. indebiti* (13, 6) *L.* 11.

pr. § 1. *D. de pign. act.* (13, 7) z. B. wenn durch Zeitablauf das Judicium erloschen ist, vgl. *L.* 30. § 1. *D. ad legem Aquiliam* (9, 2) — litem tempore amisit *Gai.* IV. § 104. *sq.* oder das absolutorische Urtheil aus einem formellen Grunde ergangen ist, also die positive Funktion der exceptio rei iudicatae gegen die actio hypothecaria nicht begründet, was hier unter causa ceciderat zu verstehen ist.

Ulpianus notat] Note des Ulpian zu den Digesten des Marcellus.

si, ut creditori noceret] Die Absicht den Sklaven durch Fesselung zu entwerthen und dadurch dem Pfandgläubiger zu schaden (animus nocendi) also Dolus verpflichtet den Schuldner unbedingt zum Schadenersatz.

si ut merentem non tenebitur] Wenn, weil der Sklave es verdiente, so haftet er nicht, denn dazu war er berechtigt, es ist keine culpa. Vgl. *L.* 96. *D. de verb. obl.* (45, 1). Der Fall der saevitia ist nicht berücksichtigt, den aber Marcellus in den Worten ex levissima offensa auch im Auge hatte. Vgl. *L.* 15. § 3. *D. de usu fr.* (7, 1) *L.* 5. § 3. *L.* 6. *D. ad leg. Aquil.* (9, 2).

L. XXVIII. Paulus, libro tertio Quaestionum.

Si legati condicionalis relicti filio familias pater ab herede rem propriam eius pignori accepit et mortuo patre vel emancipato filio condicio legati exstiterit, incipit filio legatum deberi et neque pater potest pignus vindicare, neque filius, qui nunc habere coepisset actionem, nec ex praecedente tempore potest quicquam iuris habere in pignore, sicut in fideiussore dicitur.

Das Pfandrecht steht nur dem Gläubiger zu. Vgl. *L.* 33. *h. t.*

Rechtsfall: Einem Filiusfamilias ist ein bedingtes Damnations-Legat hinterlassen und der Erbe, dem es auferlegt ist, in der Voraussetzung, daß bei Eintritt der Bedingung der Sohn noch in der väterlichen Gewalt stehen, also die Forderung aus dem Legat dem Vater erwerben werde, stellt diesem seine Sache zum Pfand. Diese Erwartung aber erfüllt sich nicht. Bei Eintritt der Bedingung ist der Sohn bereits durch den Tod des Vaters oder durch Emancipation sui iuris geworden und das Legat wird also nun ihm geschuldet (incipit filio legatum deberi). Denn bei Legaten wird in Bezug auf den Berechtigten der Eintritt der Bedingung nicht retrotrahirt. *L.* 18. *D. de reg. iuris* (50. 17) *L.* 14. § 3. *D. quando dies legati* (36, 2) *L.* 78. *pr. D. de verb. obl.* (45, 1).

Frage: Wer hat die actio hypothecaria?

Entscheidung: Weder der Vater (im Fall der Emancipation) denn er ist nicht Gläubiger, noch der Sohn, weil die Sache ihm nicht verpfändet worden,

qui nunc habere coepisset actionem] *sc.* hypothecariam, er würde jetzt, nachdem die Forderung für ihn entstanden ist, auch die Pfandklage haben, wenn ihm die Sache verpfändet wäre.

nec ex praecedente tempore potest quicquam iuris habere in pignore] Aus der frühern Verpfändung hat er kein Recht, weil sie nicht ihm, sondern dem Vater geschehen.

sicut in fideiussore] Dasselbe gilt natürlich auch, wenn dem Vater ein Bürge bestellt worden wäre, weder er noch der Sohn würde gegen diesen klagen können.

L. XXIX. Idem, libro quinto Responsorum.

Princ. Paulus respondit, generalem quidem conventionem sufficere ad obligationem pignorum: sed ea, quae ex bonis defuncti non fuerunt, sed postea ab herede eius ex alia causa adquisita sunt, vindicari non posse a creditore testatoris.

Umfang des pignus generale. Die generelle Verpfändung genügt zur Verhaftung aller Güter des Schuldners auch nach seinem Tode im Besitz der Erben *L.* 26. § 2. *h. t.* Auf das aber, was dieser aus einem andern Grunde erworben, erstreckt sie sich nicht, dieses zu verpfänden lag gar nicht in der Absicht des Erblassers; daher dessen Gläubiger sie mit der actio hypothecaria nicht vindiciren kann.

§ 1. Si mancipia in causam pignoris ceciderunt, ea quoque, quae ex his nata sunt, eodem iure habenda sunt. quod tamen diximus, etiam agnata teneri, sive specialiter de his convenerit, sive non, ita procedit, si dominium eorum ad eum pervenit, qui obligavit, vel heredem eius: ceterum si apud alium dominum pepererint, non erunt obligata.

Vom Pfandrecht am Partus Ancillae.

si mancipia in causam pignoris ceciderunt] Genau genommen scheinen diese Worte nur den Fall anzudeuten, wo Sklaven und Sklavinnen zufällig unter ein allgemeines Pfandrecht fallen, z. B. eine Generalhypothek, oder als invecta et illata. Allein das Folgende: sive specialiter de his *sc.* agnatis convenerit, zeigt, daß Paulus auch den Fall specieller Verpfändung im Auge hatte.

quae ex his nata sunt] Auch die Kinder der verpfändeten Sklavinnen werden zwar nicht iure accessionis vom Pfandrecht ergriffen, aber sind als stillschweigend mitverpfändet anzunehmen.

si dominium eorum ad eum pervenit, qui obligavit] Jedoch nur dann, wenn sie Eigenthum des Verpfänders wurden, denn nur unter dieser Bedingung konnten sie mit verpfändet werden; wie auch die Früchte. *L.* 1. § 2. *D. h. t.*

vel heredem eius] Wenigstens insofern der Erbe ihre Verpfändung nach dem Grundsatz der exceptio doli anerkennen muß. *L.* 41. *D. de pign. act.* (13, 7) *L.* 22. *L.* 26. § 2. *D. h. t.*

ceterum si apud alium dominum pepererint, non erunt obligata] Die bei einem andern Herrn gebornen Sklavenkinder waren niemals Eigenthum des Verpfänders, konnten also auch von diesem nicht verpfändet werden; auch dieß wie bei den Früchten. *L.* 1. § 2. *cit.*

Derselbe Paulus aber sieht in *L.* 18. § 2. *D. de pign. act.* (13, 7) und Julianus in *L.* 1. *pr. D. de Salviano interdicto* (43, 33) auf die Conception des Sklavenkindes bei dem Herrn der Sklavin, nimmt also eine Verpfändung des

Kindes im Mutterleibe an, wie auch das Furtum abweichend von dem Recht der Früchte auf dieses bezogen wird *L.* 26. *D. de statu hom.* (1, 5) und *L.* 49. § 5. *D. de furtis* (47, 2), ein Widerspruch, der noch seiner befriedigenden Lösung harrt.

§ 2. Domus pignori data exusta est, eamque aream emit Lucius Titius et exstruxit; quaesitum est de iure pignoris.? Paulus respondit, pignoris persecutionem perseverare et ideo ius soli superficiem secutam videri, id est cum iure pignoris: sed bona fide possessores non aliter cogendos creditoribus aedificium restituere, quam sumptus in exstructione erogatos, quatenus pretiosior res facta est, reciperent.

Das Gebäude theilt nur das Recht des Grund und Bodens, auf dem es ruht, als Erweiterung (accessio) und Theil desselben, wird also auch von der darauf haftenden Hypothek ergriffen, ohne Unterschied ob der ursprüngliche Eigenthümer und Verpfänder oder ein späterer Eigenthümer das Gebäude errichtet hat. *L.* 35. *h. t. L.* 21. *D. de pign. act.* (13, 7.) Wenn dieser aber das Grundstück bona fide, d. h. ohne die Hypothek zu kennen (*L.* 9. § 3. *De qui pot.* (20, 4) — si ignoravit rem obligatam esse) — gekauft und das Gebäude auf seine Kosten errichtet, also den Werth des Grundstücks um soviel erhöht hat, so kann er durch die exceptio doli gegen die actio hypothecaria des Gläubigers die Erstattung dieser impensae utiles fordern, wie ja auch der bona fide emptor einer fremden Sache, deren Erstattung vom Eigenthümer fordern kann. Kannte er die Hypothek, so mußte er sich vorsehen, d. h. wegen der Baukosten mit dem Pfandgläubiger verständigen, sonst braucht dieser sie nicht anzuerkennen.

§ 3. Si sciente et consentiente domino servus, ut omnia bona domini pignori obligata essent, convenit, ipsum quoque, qui cavit, obligatum esse pignoris iure.

Die Verpfändung, weil formlos, kann auch durch einen Stellvertreter des Schuldners und Eigenthümers, einen freien Mandatar oder seinen Sklaven mit dem Willen des Herrn geschehen; in der generellen Verpfändung ist dann dieser Sklave, weil Eigenthum des Schuldners, mit begriffen.

L. XXX. Idem, libro sexto Responsorum.

Periculum pignorum nominis venditi ad emptorem pertinere, si tamen probetur eas res obligatas fuisse.

Beim Verkauf einer Forderung (nomen venditum) kann der Käufer vom Verkäufer die Cession seiner Klage d. h. verlangen, daß er ihn zum procurator in rem suam bestelle, oder auch unmittelbar diese Klage als actio utilis gegen den Schuldner des Verkäufers anstellen.

Sind Pfänder für diese Forderung bestellt, (pignorum nominis venditi) so kann er auch diese mit der actio hypothecaria utilis einklagen *L.* 6. *D. de her. vel act. vend.* (18, 4) *L.* 6. *L.* 7. *C. de obl. et act.* (4, 10) *L.* 8. *C. de novat.* (8, 42) und zum Behuf seiner Befriedigung verkaufen. Wie aber, wenn die Pfänder zu seiner Befriedigung nicht ausreichen? Für die Zahlungsfähigkeit des Schuldners steht der Verkäufer nicht ein, sondern nur dafür, daß er sein Schuldner ist. *L.* 4. *D. de her. vel act. vend.* (18, 4) *L.* 74. § 3. *D. de evict.* 21, 2). Ebenso steht er auch nicht für den Werth der Pfänder ein (periculum pignorum ad emptorem pertinet) sondern nur für ihre Verpfändung (si tamen probetur eas res obligatas fuisse).

L. XXXI. Scaevola, libro primo Responsorum.

Princ. Lex vectigali fundo dicta erat, ut, si post*) certum temporis vectigal solutum non esset, is fundus ad dominum redeat: postea is fundus a possessore pignori datus est: quaesitum est, an recte pignori datus est? Respondit, si pecunia intercessit, pignus esse.

Agri vectigales heißen in Scaevola's Zeit die ländlichen Grundstücke städtischer Gemeinden, welche in perpetuum oder auf unbestimmte Zeit, d. h. auf so lange verpachtet wurden, als der Pächter und sein Erbe das Pachtgeld (vectigal) zahlten.

*) Mommsen: per?

Dieser hatte ein zwar sehr ausgedehntes, aber dem Eigenthümer gegenüber doch nur beschränktes dingliches Recht (ius in agro vectigali) mit einer in rem actio gegen jeden dritten Besitzer, das indeß von der Zahlung des Pachtgeldes abhängig war, also im Fall der Nichtzahlung erlosch. *D.* 6, 3. *Si ager vectigalis — petatur.* Das Eigenthümliche dieses Falles war nur, daß eine Zahlungsfrist bestimmt war, nach deren Ablauf, wenn die Pacht nicht gezahlt worden, das Recht des Erbpächters erlöschen sollte.

Dieses dingliche Recht konnte der Erbpächter, der weil er den juristischen Besitz hat, hier possessor genannt wird, so gut wie der Usufructuar (*L.* 11. § 2. *D. h. t.*) und Superficiar das Seinige (*L.* 13. § 3. *D. h. t.*) verpfänden. Scaevola respondirt, daß das Pfandrecht zu Recht bestehe, (pignus esse) natürlich unter Voraussetzung einer gültigen Schuld (si pecunia intercessit) *L.* 16. § 2. *D. de pign. act.* (13, 7).

§ 1. Item quaesiit, si, cum in exsolutione vectigalis tam debitor quam creditor cessassent et propterea pronuntiatum esset, fundum secundum legem domini esse, cuius potior causa esset? Respondit, si, ut proponeretur, vectigali non soluto iure suo dominus usus esset, etiam pignoris ius evanuisse.

Wenn das Pachtgeld innerhalb der bestimmten Zeit weder von dem Erbpächter als dem Schuldner, noch von dessen Gläubiger an seiner Statt, um sein Pfandrecht zu erhalten, bezahlt worden, und der Eigenthümer sein Recht geltend gemacht hat, also, daß das Grundstück ihm verfallen sei, gerichtlich ausgesprochen worden, so ist mit dem Recht des Erbpächters auch das darauf gegründete Pfandrecht erloschen. Der Gläubiger hat überhaupt kein Recht mehr an der Sache, der Eigenthümer geht ihm vor, weil er allein berechtigt ist. Ebenso bei der Superficies nach *L.* 15. *D. qui pot.* (20, 4).

L. XXXII. Idem, libro quinto Responsorum.

Debitor pactus est, ut quaecumque in praedia pignori

data inducta, invecta, importata, ibi nata paratave essent, pignori essent: eorum praediorum pars sine colonis fuit, eaque actori suo colenda debitor ita*) tradidit, adsignatis et servis culturae necessariis: quaeritur, an et Stichus vilicus et ceteri servi ad culturam missi et Stichi vicarii obligati essent? Respondit, eos dumtaxat, qui hoc animo a domino inducti essent, ut ibi perpetuo essent, non temporis causa accommodarentur, obligatos.

Rechtsfall: Verpfändung von ländlichen Grundstücken, mit Allem, was vom Eigenthümer hinein gebracht, darin entstanden oder angeschafft worden (Inventar und Früchte). Ein Theil derselben war nicht verpachtet, sondern wurde von seinem Sklaven Stichus, als Verwalter (actor, villicus) bewirthschaftet *L.* 8. *L.* 18. § 1. *D. de instructo* 33, 7), dem die zum Ackerbau nöthigen Sklaven überwiesen wurden.

Rechtsfrage: Ob auch der Stichus selbst und die andern für den Ackerbau gesandten Sklaven und die eignen Sklaven des Stichus (vicarii) nach der Absicht des Eigenthümers uud Schuldners verpfändet seien? Responsum: Nur die von dem Eigenthümer nicht bloß vorübergehend, sondern zu bleibender Bestimmung in das Grundstück gebrachten, also zum Inventarium gehörigen Sklaven, wozu nach Scaevola's Ansicht wohl alle Genannten gezählt werden. Vgl. *L.* 242. § 4. *D. de verb. sign.* (50, 16) *L.* 35. § 3. *D. de her. inst.* (28, 5). Liest man mit Mommsen interea, so wären sie ausgeschlossen.

L. XXXIII. Tryphoninus, libro octavo Disputationum.

Is, qui promisit tibi aut Titio solutum quidem Titio repetere non potest, sed pignus ei datum et ante solutionem recipit.

Nur dem Gläubiger kann ein Pfandrecht bestellt werden.

qui promisit tibi aut Titio] Durch die Stipulation: mihi aut Titio dare spondes? spondeo, erwerbe nur ich eine For-

*) ita] interea? Mommsen.

derung gegen den Promissor; Titius ist nur adiectus solutionis causa, *L.* 10. *L.* 95. § 5. *L.* 98. § 5. *D. de solut.* (46. 3), d. h. der Schuldner hat iure stipulationis, also nicht bloß durch ein revocables Mandat des Gläubigers, das Recht an den Titius oder an den Stipulator zu zahlen *L.* 12. § 3. *L.* 106. *D. de solut.* (46, 3).

solutum quidem Titio repetere non potest] Nachdem er durch die Zahlung an den Titius von diesem Recht Gebrauch gemacht hat, kann er das Gezahlte nicht als Indebitum zurückfordern.

pignus ei datum et ante solutionem recipit] Ein Faustpfand aber, das nur dem Gläubiger gegeben werden kann, ist dem adiectus solutionis causa, der keine Forderung hat, ungültig gegeben, kann also auch vor der Zahlung zurückgefordert werden.

L. XXXIV. Scaevola, libro vicesimo septimo Digestorum.

Princ. Cum tabernam debitor creditori pignori dederit, quaesitum est, utrum eo facto nihil egerit, an tabernae appellatione merces, quae in ea erant, obligasse videatur? et si eas merces per tempora distraxerit et alias comparaverit easque in eam tabernam intulerit et decesserit, an omnia quae ibi deprehenduntur creditor hypothecaria actione petere possit, cum et mercium species mutatae sint et res aliae illatae? Respondit: ea, quae mortis tempore debitoris in taberna inventa sunt, pignori obligata esse videntur.

Verpfändung einer universitas rerum. Vgl. *L.* 13. *pr. h. t.*

utrum eo facto nihil egerit] Nicht rechtlich ungültig, weil die Taberna in solo publico errichtet war, sondern faktisch, weil die Bretterbude kein Objekt der Befriedigung für den Gläubiger sein konnte.

tabernae appellatione merces, quae in ea erant] Ob unter dem Ausdruck taberna die enthaltenen Waaren verpfändet werden sollten, und zwar nicht die einzelnen, sondern das Waarenlager als Ganzes, so daß die den verkauften substituirten Waaren, und Alles was nach dem Tode des Schuldners in der Bude gefunden wird, von dem Gläubiger mit der actio hypothecaria in Anspruch genommen werden kann? Scaevola bejaht dieß, weil nicht angenommen werden konnte, daß die werthlose Taberna selbst, sondern daß unter diesem Namen das Waarenlager als Ganzes verpfändet werden sollte, welches auch bei Veränderung der einzelnen Bestandtheile dasselbe bleibt.

§ 1. Idem quaesiit, cum epistula talis emissa sit: *Δανεισάμενος παρὰ σοῦ δηνάρια πεντακόσια, παρεκάλεσά σε μὴ βεβαιωτὴν, ἀλλ' ὑποθήκην παρ' ἐμοῦ λαβεῖν· οἶδας γὰρ ἀκριβῶς, ὅτι καὶ ἡ ταβέρνα, καὶ οἱ δοῦλοί μου οὐδενὶ κατέχονται ἢ σοί· καὶ ὡς εὐσχήμονι ἀνθρώπῳ ἐπίστευσας*: an pignus contractum sit, an vero ea epistula nullius momenti sit, cum sine die et consule sit? Respondit, cum convenisse de pignoribus videtur, non idcirco obligationem pignorum cessare, quod dies et consules additi vel tabulae signatae non sint.

Formlosigkeit des Pfandvertrags *L.* 4. *L.* 23. § 1. *D. h. t. L.* 17. § 2. *D. de pactis* (2, 14).

Einen Brief, worin der Schuldner seinen Gläubiger bittet für das ihm gezahlte Darlehn von 500 Denaren keinen Bürgen, sondern Hypothek anzunehmen, da er wohl wisse, daß sein Waarenlager und seine Sklaven Niemandem außer ihm verpfändet seien, und daß er einem anständigen Mann creditirt habe, erklärte Scaevola, der natürlich voraussetzt, daß der Gläubiger den Brief empfangen und sich dabei beruhigt habe, für eine gültige Verpfändung, wofür es genüge, daß die Partheien über die Pfänder übereingekommen seien. Weder das Datum noch der übliche Verschluß der Urkunde durch die Siegel von Zeugen und Partheien mit Beischreibung ihres Namens sei nothwendig, *Paul* V. 25. § 6. *Sueton Nero* 17.

§ 2. Creditor pignori accepit a debitore quidquid in bonis habet habiturusve esset: quaesitum est, an corpora pecuniae, quam idem debitor ab alio mutuam accepit, cum in bonis eius facta sint, obligata creditori pignoris esse coeperint? Respondit, coepisse.

Die Geldstücke, welche der Darleiher seinem Schuldner zahlt, werden dessen Eigenthum und eben dadurch die Forderung auf Zurückzahlung einer gleichen Summe Geldes begründet *L.* 2. § 2. *D. de reb. cred.* (12, 1). Als Eigenthum des Schuldners werden sie von der Hypothek ergriffen, die dieser einem andern Gläubiger an seinem ganzen Vermögen, gegenwärtigem und zukünftigem, constituirt hat, *L.* 7. § 1. *D. qui pot.* (20, 4), können aber natürlich als Pfand nur in sofern vindicirt werden, als sie speciell erkennbar, also nicht mit anderm Gelde vermischt sind.

L. XXXV. Labeo, libro primo Pithanon a Paulo epitomatorum.

Si insula, quam tibi ex pacto convento licuit vendere, combusta est, deinde a debitore suo*) restituta, idem in nova insula iuris habes.

Worte des berühmtesten Juristen aus der Zeit des K. Augustus, Antistius Labeo, die jedoch Justinian's Compilatoren nur in dem Auszuge des Paulus vorlagen — In ihrer Kürze bezeugten sie Dreierlei:

1) die formlose Uebereinkunft zwischen dem Schuldner und seinem Gläubiger, wodurch er diesem das Recht einräumt durch Verkauf einer Sache des Schuldners sich zu befriedigen, begründet ein Pfandrecht an derselben *L.* 3. § 2. *D. qui pot.* (20, 4) — pignus intellegi contractum.

2) Die Hypothek an einem Hause haftet an dem Grund und Boden (area), wird also durch Zerstörung des Hauses nicht aufgehoben und ergreift ein auf demselben errichtetes neues Haus (superficies cedit solo).

3) Die Worte: idem in nova insula iuris habes, besagen aber noch mehr, nicht bloß dem Schuldner, sondern auch

---

*) St. suo l. tuo. Mommsen ins. aere oder de.

Dritten gegenüber hat der Gläubiger dasselbe Recht. Liest man statt des jeden Falls unrichtigen suo der Florentina a debitore tuo, so wird damit der Fall ausgeschlossen, daß das neue Haus von einem Andern, etwa wie in *L.* 29. § 2. *cit.* von einem Käufer des Grundstücks erbaut sei, der durch die exceptio doli die Baukosten vom Gläubiger fordern kann, also insofern ihm vorgeht. Nach Mommsen's sinnreicher Restitution des ausgefallenen Wortes aere oder de würde der andre Fall ausgeschlossen, daß der Schuldner das Haus mit dem Gelde eines andern Gläubigers erbaut hätte, dem nach *L.* 1. *D. in quibus causis pignus* (20, 2) ein gesetzliches und nach *L.* 5. *L.* 6. *pr. D. qui pot.* (20, 4) ein priviligirtes Pfandrecht zusteht. Aber zu Labeo's Zeit bestand weder jenes, das durch ein Senatusconsult unter M. Aurel eingeführt wurde, noch dieses, das zuerst um dieselbe Zeit von Scaevola in *L.* 21. § 1. *D. qui pot.* (20, 4) erwähnt wird.

Universitäts-Buchdruckerei von Carl Georgi in Bonn.

Kolibri 360 GmbH
Ferdinand-Jühlke-Straße 7
99095 Erfurt, Deutschland
produktsicherheit@kolibri360.de